UN MILLION
DE LETTRES D'ESPOIR

Première édition publiée en Grande-Bretagne par Yellow Kite Books, une marque de Hodder & Stoughton, filiale de Hachette UK company.

Titre original : *One Million Lovely Letters*

Traduction : Mahaut Vidal
Correction : Marie-Laure Deveau
Maquette : Patrick Leleux PAO
Illustrations : Fotolia

Édition française :

29 boulevard Raspail
75007 Paris – France
ISBN : 979-10-285-0981-1

Jodi Ann Bickley

avec Kate Barker

UN MILLION DE LETTRES D'ESPOIR

Roman

Traduit de l'anglais par Mahaut Vidal

LEDUC.S PRATIQUE

À vous tous qui avez participé à Un million de lettres d'espoir – *merci.*

J'espère continuer toute ma vie.

SOMMAIRE

PRÉFACE

Je connais Jodi depuis presque sept ans. Quand je l'ai rencontrée, c'était une poétesse en herbe, et comme moi elle essayait de faire entendre sa voix en montant sur scène le plus souvent possible. Elle est venue me voir jouer au Bestival en 2011. Quelques mois plus tard, j'apprends qu'elle est paralysée. Dans une situation pareille, nous serions nombreux à nous apitoyer sur notre sort plutôt qu'à nous accrocher à nos rêves et à nos espoirs. Pourtant, chaque fois que je la revoyais, elle était arrivée à reprendre le contrôle d'une partie de son corps. Peu à peu, elle guérissait.

Ce livre est fantastique, tout comme son auteure d'ailleurs. Je suis très fier de tout ce que Jodi a accompli depuis notre rencontre. Vachement content. Ed x'.

Ed Sheeran

AVANT-PROPOS

Je suis assise à mon bureau, couverte de paillettes et de traces de feutres jusqu'aux coudes. Je voudrais écrire encore dix lettres avant mon rendez-vous à l'hôpital de cet après-midi. J'ai ressenti une grande fatigue cette semaine, mais j'essaie de ne pas y accorder trop d'importance. J'ai beaucoup à faire.

Un nouvel e-mail vient de s'afficher sur l'écran de mon ordinateur portable. Le message arrive de loin : de Nouvelle-Zélande ! J'ai envie de le lire, de savoir qui l'a envoyé, mais je me retiens. J'ai des choses à terminer d'abord.

Voilà – une lettre de faite. J'utilise un papier jaune comme du beurre, cadeau d'une dame américaine, et je le glisse dans une enveloppe bleu pâle que je pose sur la pile destinée à la poste. J'aime à faire en sorte que les enveloppes aussi soient belles. Peu de petits plaisirs sont aussi magiques que de découvrir dans sa boîte aux lettres une jolie enveloppe écrite à la main. Un petit trésor manuscrit : depuis quand n'en avez-vous pas envoyé ? C'est si rare d'écrire ou de recevoir une lettre aujourd'hui. Pourtant c'est une activité agréable, et pour celui qui la reçoit, c'est un petit rayon de soleil qui illumine sa journée.

Si quelqu'un m'avait dit il y a deux ans que je passerais mon temps à rédiger des lettres manuscrites pour des inconnus, je lui aurais ri au nez. Mais ma vie était très différente, il y a deux ans. Maintenant je sais que pour le prix d'un timbre on peut transformer la journée de quelqu'un.

Qu'est-ce qui vous empêche d'aller chercher ce stylo au fond du tiroir de la cuisine, et ce papier à lettres reçu pour votre anniversaire il y a des années ? Allez, dites à quelqu'un qu'il est merveilleux. On a tous besoin de l'entendre parfois. Vous n'êtes pas convaincu ? Lisez la suite, j'espère que mon histoire vous fera changer d'avis.

CHAPITRE 1

TOUT PEUT BASCULER

25 octobre 2013

Chère Jodi (de 22 ans),
T'es super belle ! Non, tes bras ne sont pas trop gros, arrête de te focaliser là-dessus. Ne sois pas bête. J'ai deux ou trois trucs à te dire. D'abord, je suis toi. On est en 2013, Twiggy et Musa vont débarquer pour manger des tortillas dans ta petite maison aux couleurs vives. Josh est là, couvert de teinture pour cheveux, parce qu'il a décidé de sauter dans la douche au moment où tu te rinçais. Tu es rousse (encore !). Mais qui est Josh ? Josh, c'est ton chiot. Ce n'est pas la seule boule de poils à avoir récemment intégré la famille, mais je te laisse découvrir les autres. C'est la surprise.
Je ne veux pas tout te gâcher d'avance, mais il faut que je te dise un truc. Dans les deux ans et demi à venir, des choses extraordinaires vont t'arriver. Tu te souviens de ta première fois sur le Sky Rocket au Drayton Manor Park, quand tu es restée suspendue la tête en bas juste un peu trop longtemps ?

Tu vois cette sensation ? Eh bien la vie va te faire cette impression-là. À un moment, tu vas complètement perdre le contrôle, et tu ne pourras rien y faire. Mais de là où je suis, je te promets qu'après, c'est magique. Sans doute pas tout à fait ce que tu imaginais, mais tu verras, ça finit bien.
Gros bisous.
Jodi (à 25 ans)
Xx

On ne s'attend jamais à ce que quelque chose de grave nous tombe dessus sans prévenir. Quelque chose qui met votre vie entière sens dessus dessous, qui chamboule tout, qui vous laisse sans repères dans ce monde chaotique que vous pensiez maîtriser. Oui, en un instant, tout peut basculer, sans raison.

Et pour moi, tout a basculé d'un seul coup. J'ai attrapé une maladie du cerveau, la méningo-encéphalite. Je sais, moi non plus je n'en avais jamais entendu parler.

J'avais 23 ans, je jouais dans un festival de musique sur l'île de Wight. On était parties avec Sarah, une de mes meilleures amies. Le séjour avait été fantastique, et on revenait les poches pleines de paillettes et de flasques vides, avec une tonne de souvenirs rythmés par les airs de nos groupes favoris. J'ai commencé à me sentir patraque une semaine après – rien de précis, juste un peu mal fichue. J'ai mis ça sur le compte de la fatigue, j'en avais un peu trop fait pendant l'été.

Quand je me suis réveillée, le 27 septembre 2011, deux semaines environ après être rentrée chez moi à Birmingham, j'ai cru que j'avais attrapé la pire grippe de la terre. J'ai téléphoné à ma mère pour savoir quand elle rentrerait, elle m'a suggéré d'appeler le docteur. Mais mon généraliste n'est jamais disponible. Je ne sais pas qui a eu la brillante idée de réunir tous les médecins de la région dans un super-méga cabinet médical, mais maintenant il faut prendre rendez-vous au moins quinze jours avant de tomber malade. Du coup, j'ai appelé un centre de soins*, et mon frère Jake m'y a emmenée en voiture. Je me revois dans la salle d'attente, assise par terre, à regarder les patients faire la queue en demandant à la secrétaire si c'était bientôt mon tour. Je ne suis pas comme ça d'habitude. D'habitude, je reste assise bien sagement sans rien dire jusqu'à la fermeture, mais ce jour-là je ne supportais même pas d'entendre les gens parler, je me sentais complètement déboussolée. Peut-être que j'avais de la fièvre. Je ne pouvais plus rester là. J'ai annulé le rendez-vous, et mon frère m'a ramenée à la maison.

Jake aime bien se moquer de mon teint pâle. Il a la chance d'avoir la peau mate, alors que moi je suis quasiment transparente – les bons jours, car les mauvais, j'ai une vraie mine de déterrée. Mais cette fois, il ne m'a pas taquinée. Il m'a juste demandé si ça allait, et il a démarré. Maman était là quand je suis arrivée. Heureusement, elle a vite réalisé que c'était plus qu'un coup de fatigue ou un mauvais rhume, et elle m'a emmenée à la clinique en face de l'hôpital. Après, elle m'a raconté que ma peau était d'un gris horrible, avec les yeux enfoncés et les lèvres bleues.

À la clinique, le médecin m'a fait allonger et m'a examinée de la tête aux pieds. Là, je me sentais vraiment mal, mais

---

* *Walk-in centre* : en Grande-Bretagne, centres médicaux sans rendez-vous dispensant des soins infirmiers.

j'étais encore assez lucide pour comprendre que maman et lui s'inquiétaient. J'ai expliqué que j'avais des symptômes grippaux, mais bien pires que tout ce que j'avais déjà connu. Et puis le médecin a trouvé une marque rouge sur mon pied, une petite piqûre d'insecte ronde, avec un bleu autour. Il m'a demandé où j'étais allée ces temps-ci, si j'avais été piquée par des insectes. Maman lui a dit que j'avais participé à un festival sur l'île de Wight, et je me suis souvenue que j'y avais été dévorée par des bestioles. Le médecin a annoncé qu'il pensait que j'avais contracté la méningo-encéphalite à cause d'une morsure de tique. Il a voulu appeler une ambulance pour me transférer à l'hôpital en face, mais c'était trop tard. À ce stade tout était plutôt flou, et marcher était devenu une épreuve. Maman et le docteur m'ont vite installée dans un fauteuil roulant et se sont précipités aux urgences de l'hôpital. Vingt minutes plus tard, je perdais connaissance.

Je n'ai aucun souvenir des deux jours suivants. J'ai su qu'on m'avait immédiatement administré deux médicaments par perfusion. Les médecins m'ont fait une ponction lombaire – cela consiste à vous enfoncer une aiguille dans la colonne vertébrale. Ils ont analysé le liquide céphalo-rachidien pour vérifier qu'il n'y avait pas d'infection, ils en ont aussi évacué un peu parce qu'il y avait trop de pression sur ma colonne vertébrale. Ensuite, j'ai passé un scanner pour que l'on puisse examiner mon cerveau. Maman raconte que je n'arrêtais pas de dire merci à tout le monde, mais je ne m'en souviens pas.

Maman se met toujours à trembler quand elle évoque ces moments, ce qui n'arrive pas souvent car elle évite d'en parler. Elle avoue que ç'a été un vrai cauchemar, car l'encéphalite peut être mortelle. Pendant deux jours, personne n'a su si j'allais m'en sortir.

Ce qui m'est arrivé n'est pas courant, mais ça peut tomber sur n'importe qui. Une personne sur 200 000 environ contracte une encéphalite à la suite d'une morsure de tique. Rien qu'une sale petite morsure de tique, et on peut en mourir. Pourtant, je ne suis pas morte. En fait, cet instant a changé ma vie, d'une manière absolument inimaginable.

CHAPITRE 2

UNE LETTRE QUI FAIT DU BIEN

23 mars 1993

Mamie
c/o Dieu
Le Ciel
Au paradis
H34 V3N

Chère mamie,
J'espère que tu t'amuses bien au paradis. Maman m'a dit que c'était super là-haut. J'espère que tu peux me voir parce que cette semaine je vais au Pique-nique des nounours. Tu es la meilleure mamie du monde. Tu me manques et je t'aime très fort, je t'aime gros comme tout l'univers.
Gros bisous,
Jodi
X

J'ai grandi à Birmingham, dans le quartier de Tyseley, mais ma mère préfère dire Hall Green parce que ça fait mieux.

À Tyseley, les garçons héritent de la réputation de leur père, et celle des filles dépend de l'âge où elles font « ça » pour la première fois derrière les balançoires du parc – celui où on n'a pas le droit d'aller, mais où on va quand même. C'était plein d'usines autrefois à Tyseley, avec plein de boulot pour les gens du coin, mais il y a un moment que ce n'est plus ça. Ça fait des années qu'il n'y a plus assez de travail pour tout le monde ici. Aujourd'hui les femmes restent à la maison, et les hommes travaillent pour les garages du coin, sur les chantiers ou dans la drogue. Il faut faire attention la nuit, surtout pour les garçons.

Tyseley n'est peut-être pas un quartier riche, mais les gens y sont généreux, et toujours prêts à rendre service. En haut de la rue, on trouve encore une épicerie du coin, Chez Deeta, qui est là depuis une éternité et qui chaque année semble un peu plus démodée. Deeta a un grand cœur et accepte parfois de faire crédit quand on est à sec. En face, il y a le débit de boisson de Meeka. Lui, c'est un original, et ses prix dépendent de l'humeur du jour. Mais il est assez raisonnable, la plupart du temps.

En bas de notre rue se trouve une usine de chocolat. Enfin, avant, c'était une usine de chocolat. Génial, non ? Je me rappelle l'odeur quand j'étais petite, un parfum de chocolat fondu que j'aurais dû adorer mais qui, à la vérité, me donnait mal au cœur. Maintenant l'ancienne usine sert surtout d'entrepôt à camelote pour des boutiques du genre Euro Bazar. Je me rappelle très bien que ç'a été un magasin de vêtements puis une pâtisserie, mais personne d'autre ne s'en souvient, alors je l'ai peut-être inventé.

Bref. Dans une rue large et plutôt calme, parmi d'innombrables maisons mitoyennes qui sont d'anciens logements sociaux, se trouve celle où nous nous sommes installés lorsque j'avais 5 ans. Ma famille y vit encore. Cette maison, depuis que je suis soi-disant adulte, j'y ai été plus d'une fois projetée comme un boomerang qui revient à son point de départ – et ce n'est sans doute pas fini. Ma mère adorerait refaire la décoration, mais on n'en a jamais eu les moyens. Elle louche sur les métamorphoses de *60 Minute Makeover* ou *DIY SOS*, du coup je rêve de dévaliser un magasin de bricolage et toutes ces boutiques de meubles branchés, et de lui refaire toute la maison.

Quand on entre, on tombe tout de suite sur un mètre carré de carrelage rouge, avec des manteaux accrochés sur la droite ; c'est notre fameux « hall d'entrée ». L'odeur vous frappe immédiatement – celle des cigarettes fumées à la chaîne, masquée par des bougies à la vanille et du Nescafé. En face, l'escalier des chambres, à gauche, le salon et la cuisine. Levez la tête et vous verrez l'un des trésors de ma mère, une suspension qui appartenait à mes grands-parents. C'est comme un vitrail de toutes les couleurs qui rayonne en rouge, en jaune, en bleu et en vert quand l'ampoule est allumée. Elle n'a qu'une valeur sentimentale, mais savoir qu'elle est là m'a toujours donné un sentiment de sécurité. Quand on était petits, mon frère et moi, on adorait se mettre en dessous dans l'entrée et jouer à la faire clignoter, comme un sapin de Noël.

Le salon, la cuisine et la salle de bains sont tous en enfilade. J'ai vu des maisons où le salon est grand comme tout le rez-de-chaussée de ma mère ; moi, j'aurais du mal à rendre ce genre d'espace accueillant. Chacun son truc, j'imagine, mais je ne suis heureuse que dans le bazar organisé. Chez maman, tout est empilé : les vêtements, les chiens, les enfants. S'y déplacer relève de la course d'obstacles et dès qu'on essaie de s'asseoir, un gros chien maladroit mais plein d'amour vous grimpe sur les genoux. La maison ne risque pas de se retrouver dans le magazine *Ideal Home* mais, à mes yeux, elle était vraiment idéale.

Maman garde tout, et j'ai hérité de cet instinct. J'ai des tas de boîtes emplies de souvenirs : des lettres, des petits mots, de vieux cahiers d'école ; des bouts de papier avec mon prénom accolé à celui d'un garçon, et plein de cœurs dessinés autour au feutre fluo. À 11 ans, je me suis juré de toujours garder les choses importantes, et je m'y suis tenue. Je vais finir dans une de ces émissions de téléréalité du style *Hoarders* où les gens sont obligés de jeter tout le bric-à-brac qu'ils ont accumulé, mais je pense vraiment que les objets qui évoquent des souvenirs sont importants. J'ai encore un petit mot qu'un garçon m'avait fait passer au collège, un dessin de moi avec écrit : « Je m'appelle Jodi et j'ai de beaux yeux. » N'importe qui d'autre l'aurait jeté, mais ce message a compté pour moi, et les choses qui comptent, on les garde.

Il y a trois chambres chez ma mère, enfin je dirais plutôt deux et demie, parce que l'une des trois est un vrai cagibi. C'était ma chambre et, dès que j'étais stressée, je déplaçais les meubles, dans l'espoir de découvrir un jour le secret qui permettrait de gagner de la place. Impossible, évidemment : c'était vraiment un cagibi, pas moyen de pousser les murs. La chambre de mon frère Jake était étroite, et tout en longueur. Nous l'avons échangée petits, et rééchangée plus tard ; je l'avais plus ou moins enrôlé dans ma quête d'espace.

Dans la chambre de ma mère, c'est le chaos, comme dans le reste de la maison d'ailleurs. Je crois qu'elle n'a jamais jeté un seul vêtement ; si jamais on revient au rationnement, elle est sûre d'avoir de quoi s'habiller. Elle a la plus grande des trois chambres. Je n'ai jamais compris pourquoi les enfants auraient une plus grande chambre que leurs parents. Pour moi, c'est une évidence : plus on a de responsabilités, plus la chambre est grande, non ? Et puis il y a quand même deux parents à faire tenir dans une seule pièce.

Enfin, deux parents… ça dépend. Pour moi non, la plupart du temps. Ma mère nous a élevés toute seule, mon frère et moi, pendant un bon moment.

Ma mère mesure 1,68 m, mais elle prétend qu'elle est plus grande que ça. Elle a une masse de cheveux bruns, et le visage couvert de taches de rousseur. C'est ma meilleure amie. Notre seule et unique dispute date de mes 11 ans : Joanne, la petite voisine, m'avait appris à remuer du popotin. Maman n'a pas aimé du tout. Comme d'habitude, j'ai vite compris qu'elle avait raison, et mon popotin est resté tranquille jusqu'à ce que je découvre le R'n'B des années 1990. Là, c'est devenu irrésistible.

Maman ne rit pas, elle glousse, un gloussement très contagieux, et elle parle sans arrêt, même à ses chiens. À 53 ans, elle n'a toujours pas découvert le secret de la voix intérieure. Cela me frappe de plus en plus : où que l'on soit, elle reste au même volume et sur la même chaîne – à fond, et en mode Brummie*. Elle parle comme si elle utilisait le système qu'on avait, enfants, pour communiquer d'une pièce à l'autre : deux gobelets en carton reliés par une longue ficelle. Ma mère a un cœur à la Florence Nightingale. C'est

* Brummie : désigne l'accent de Birmingham mais aussi ses habitants. Légèrement péjoratif.

vraiment, vraiment quelqu'un de bien. Toujours prête à rendre service, elle a du temps pour tout le monde, elle passe voir les voisins quand ils sont malades, elle emmène même parfois notre vieille voisine en voiture pour qu'elle puisse voir ses amis. Elle prend le temps pour les autres, et elle nous a élevés comme ça.

Tony, mon père biologique, n'a jamais servi à grand-chose – il le dit lui-même. Il n'a toujours pas trouvé sa place de père et, à cause de ça, je ne l'ai jamais appelé papa. Il a trop souvent choisi de ne pas faire partie de ma vie.

Mes parents sont restés péniblement ensemble jusqu'à mes 3 ans, et puis mon frère Jake est né, et Tony a pratiquement disparu. Il nous rendait visite de temps en temps, accompagné de la copine du moment, que maman tolérait puisque nous étions là. On jouait à la famille modèle... mais il ne restait jamais longtemps, et nous n'avions plus qu'à patienter jusqu'à sa prochaine apparition. Pour le joindre, il fallait téléphoner au pub où il buvait. Il était quasiment toujours là. On lui demandait de venir nous voir et il répondait : « Oui, pas de problème, j'arrive. » On l'attendait, Jake et moi, plantés sous la lampe-vitrail de l'entrée, en manteaux, prêts à sortir, jusqu'à ce qu'au bout d'un long moment on finisse par comprendre qu'il ne viendrait pas. Ça faisait mal d'être abandonnés comme ça.

Tony avait le don de tout gâcher. Quand il revenait, c'était une vraie tornade, il mettait tout sens dessus dessous avant de disparaître aussi vite qu'il était venu, laissant ma mère gérer les conséquences toute seule. Combien de fois elle nous a remis sur pied...

Tony a un look de rock star déchue, et l'attitude assortie. Il tient tout le monde responsable de la manière dont sa vie a tourné – c'est plus facile, je suppose. C'est un alcoolique, toujours en train de tâter d'une drogue ou d'une autre, soi-disant pour s'évader ; moi, je pense surtout que c'est pour noyer sa honte, sa culpabilité, pour oublier qu'il aurait pu s'y prendre autrement, mais qu'il ne l'a pas fait. Nous l'avons revu plusieurs fois, mon frère et moi, depuis que nous sommes adultes, presque toujours dans un pub. Sa vision de l'éducation est celle d'un pilier de bar. Une fois, il a glissé un acide dans le verre de mon frère pour « le secouer un peu ». On ne s'en est pas rendu compte sur le moment. Ma mère a cru que Jake était vraiment malade, elle était en train de le soigner quand on a réalisé qu'il était en plein *bad trip.* C'était sa première rencontre avec la drogue, à 19 ans. Maman nous assure que Tony n'était pas comme ça autrefois, que l'alcool et les drogues en ont fait un raté. Mais je me demande toujours ce qu'il avait en lui que l'alcool a fait ressortir, ce qui était brisé que rien n'a pu réparer.

Chaque fois que je vois Tony, je veux croire qu'il s'est enfin repris en main et qu'il a décidé de changer, sans doute parce que j'aimerais avoir l'impression que je le mérite, que ça vaut la peine de se battre pour mon frère et pour moi. Mais il ne change pas, et je dois accepter qu'il ne changera probablement jamais. Parfois, quand on se croise dans la rue, on tourne la tête et on fait semblant de ne pas se voir. J'aurais adoré avoir un père aimant, mais j'ai accepté la situation. Il faut parfois laisser les gens suivre leur voie, et accepter que vous n'êtes pas responsable de leurs problèmes, que ce n'est pas votre faute. J'ai appris à mes dépens que lorsque quelqu'un refuse de changer, on n'y peut rien. On ne peut guère que prendre soin de soi et rester disponible pour l'autre, s'il a besoin de vous.

En l'absence de Tony, nous avons cherché notre modèle paternel ailleurs. La télé était une bonne source d'inspiration, et Bill Cosby, le catcheur américain Macho Man alias Randy Savage ou bien Trevor McDonald me plaisaient beaucoup. Le problème, c'est qu'ils n'étaient pas là en vrai. Il y avait quand même des types bien dans le quartier, et quand j'étais petite je guettais avec espoir l'arrivée d'un candidat potentiel. Il paraît qu'un matin j'ai demandé au laitier s'il voulait bien être mon papa, juste parce qu'il avait l'air gentil. « Ce n'est pas comme ça que ça marche », ai-je appris à cette occasion, et heureusement le laitier a pris ça avec humour. Plus tard, maman a proposé qu'on aille se chercher un papa au rayon « Un acheté, un offert » de Woolworths – sans oublier de faire un détour par le stand des bonbons.

Maman adorait la musique, et la BO de mon enfance c'est Soul et Motown. Ses parents – papy et mamie pour moi – aimaient le reggae et la Motown. Maman les décrit toujours en train de danser des slows dans leur salon, le dimanche midi, avec *The Billy Cotton Band Show* à la radio. Je peux associer chacune de mes peines de cœur à une chanson, en commençant évidemment par mon père. Je nous revois très bien, maman et moi, dans notre minuscule cuisine, des cuillers en bois en guise de micro, chantant à peine voix *« I will always love you »* de Whitney Houston après un énième abandon ; chacune un peu abîmée, chacune pour ses propres raisons. Mon frère Jake, encore bébé, nous servait de public.

Je me souviens d'avoir compris dès l'enfance que les mots avaient du pouvoir, et qu'il suffisait parfois des paroles d'une chanson pour illuminer une journée, pour rendre supportables les moments difficiles. Ça fait du bien de savoir que, quelque part dans le monde, quelqu'un traverse les mêmes épreuves que vous, et qu'en cherchant bien vous finirez par trouver un musicien de génie qui aura réussi à exprimer vos sentiments à la perfection.

Maman m'a appris à lire à 3 ans ; elle s'y est prise en nous faisant jouer à saute-mouton. Sur de petits bouts de papier, elle notait les noms de notre famille et de nos amis – maman, Jodi, Jake, etc. Ensuite elle les posait par terre dans le salon. Elle appelait les noms : « Jake, Jodi », et je devais sauter sur le mot correspondant. Maman n'est pas très cultivée, elle n'a jamais voulu faire carrière, mais elle sait s'y prendre avec les mots ; ils ont de la valeur à ses yeux. Elle m'a transmis les joies du langage et l'importance des mots. Je ne l'en remercierai jamais assez.

Si mes souvenirs avec mon père ont un goût amer, mes grands-parents, eux, m'ont montré ce que c'est que l'amour. On lisait toute une vie d'amour dans un seul de leurs regards, dans un rire, dans une étreinte. Ma grand-mère était magnifique. À 17 ans, elle faisait 46 cm de tour de taille. Un jour, sur une plage à Weston, elle était avec des amis quand on lui a proposé de poser pour *Vogue*. Les gens du journal ont pris quelques photos, et ils sont allés jusque chez elle à Birmingham pour lui en réclamer d'autres. Son père, qui trouvait que c'était un travail de prostituée, n'a pas voulu en entendre parler, et elle a refusé.

Quelques mois plus tard, ma grand-mère et mon grand-père se sont mis à fréquenter les mêmes cercles, et ils ont fini par se rencontrer. Ils sont tombés passionnément amoureux, ce qui leur a fait très peur, car ils étaient vraiment jeunes. Ils ont donc décidé de se séparer, temporairement. Si leur histoire était faite pour durer, ils se retrouveraient au bout de six mois, au coin de la rue où ils s'étaient rencontrés, et ils passeraient leur vie ensemble. J'ai eu de la chance, car six mois plus tard ils étaient toujours tellement amoureux qu'ils se sont mariés. Mon grand-père avait des yeux qui sourient, le genre de sourire vraiment sincère parce qu'il vient d'un lieu magique. Même âgé, son regard s'illuminait quand mamie entrait dans la pièce. Ils étaient vraiment heureux.

Mes grands-parents sont très importants pour moi. On dit qu'il faut tout un village pour élever un enfant, c'est peut-être vrai, mais ma mamie vaut un village à elle seule. Quand ma mère est partie à l'hôpital pour accoucher de mon frère, ma grand-mère est venue habiter avec moi. J'ai eu le droit de dormir avec elle dans le grand lit. Je n'avais que 3 ans, ça me donnait l'impression d'être une adulte. Je me suis réveillée dans la nuit, toute perdue : je croyais que la tête de ma grand-mère était tombée car, en soulevant les couvertures, je ne voyais que ses pieds. Je n'aurais jamais imaginé qu'on puisse dormir tête-bêche. Mamie a eu un fou rire et puis on s'est rendormies, toujours du mauvais côté. Elle m'a montré que rien n'est impossible.

Je ne me rappelle pas l'avoir vue malade. La seule fois où elle m'a semblé un peu fragile fut après une opération, car je n'avais plus le droit de gigoter sur ses genoux pendant qu'elle me lisait une histoire. Elle m'avait envoyé une lettre, ma toute première lettre, parce qu'elle était trop malade pour venir nous voir. Je l'ai toujours, et j'y tiens énormément. C'est la clé d'or d'une époque révolue, elle ouvre la porte d'un temps que j'espère retrouver un jour. De son écriture fluide qui évoque les contes de fées et les vieux films, elle écrit :

Chère Jodi,
Ta maman me dit que tu as été très sage, et que tu as fait tout ce qu'elle te demandait ! Tu es notre petite fille chérie, et je suis vraiment désolée de ne pas pouvoir te voir cette semaine, mais il faut attendre parce que je ne veux pas passer mon rhume à Jake. Nous t'aimons très très fort avec papy, très fort et gros comme tout l'univers.
Gros bisous,
Mamie et papy
Xxx

Sauf que mamie n'avait pas de rhume. Elle était trop malade pour venir parce qu'elle avait un cancer, et qu'elle devait subir une chimiothérapie. Ma grand-mère a lutté contre le cancer pendant quinze ans, elle s'était juré que ce mal ne l'emporterait pas. Elle a gagné. Elle est morte à 57 ans, dans les bras de mon grand-père, par terre dans la salle de bains, d'un caillot de sang au cœur.

Je me souviens précisément des sons à l'annonce de la mort de mamie. Le téléphone a sonné, ma mère a répondu et puis elle a poussé un cri, un cri qui j'imagine est le bruit que fait un cœur quand il se brise en mille morceaux. Les voisins sont venus me chercher en vitesse et j'ai eu des bonbons – ceux que mes grands-parents avaient apportés la veille. Je n'avais que 4 ans, je ne me rendais pas compte de l'ampleur de ce qui était en train de se passer. Je savais simplement que ma mère pleurait et que je n'arrivais pas à la consoler.

Il paraît que le lendemain je suis allée à l'école dire aux gens que ma mamie était morte. Je n'avais eu qu'une fois l'expérience de la mort, quand j'étais toute petite, à l'enterrement d'un ami de la famille. J'avais déjà fêté des anniversaires et j'associais les bougies à la fête, alors quand j'en ai vu dans l'église, je me suis mise à chanter « Joyeux anniversaire » devant toute l'assistance. Heureusement, tout le monde a éclaté de rire. Il paraît que le mort aurait adoré, et ma mère raconte souvent cette histoire. Quand mamie est décédée, j'étais un peu plus âgée. Je savais ce qui s'était passé, mais je ne comprenais pas que je ne la verrais plus jamais.

Quelques mois plus tard, j'ai réveillé ma mère en pleurant : je voulais ma mamie. C'est là que maman m'a expliqué. Elle m'a dit qu'on ne reverrait plus mamie, mais que chaque enfant peut envoyer une lettre au paradis. On n'a le droit d'en écrire qu'une seule, et le facteur y va exprès.

Alors le lendemain matin, avec l'aide de maman, j'ai écrit ma première Lettre d'espoir, celle qui est au début de ce livre, page 25. Ensuite on a collé un timbre sur l'enveloppe et on l'a mise dans la boîte aux lettres. Ce n'était plus pareil sans mamie, mais cette lettre m'a fait du bien. Ma mère aussi, ça l'a un peu consolée. J'étais toute petite, mais j'avais compris que mon amour pour mamie faisait plaisir à ma mère, et ça me réchauffait.

Quand mamie est morte, pour nous rapprocher de papy, nous nous sommes installés à Tyseley, un quartier plutôt défavorisé. Ma nouvelle école primaire n'avait rien à voir avec l'ancienne. Ma mère dit que même sans beaucoup d'argent nous présentions toujours bien, mais je ne me suis pas intégrée. La directrice de la nouvelle école a expliqué à maman que je parlais trop bien, que j'étais trop polie, trop jolie, et que c'est pour ça qu'on me harcelait. Ç'a duré des années.

À 7 ans, je me suis fait traîner par les cheveux dans la cour de récré, et le sol rugueux a arraché un grand bout de peau sur ma hanche. On me poignardait avec des crayons, on me poussait dans les portemanteaux, et on me tapait, tout le temps. C'est devenu tellement grave que je me suis mise à détester l'école. J'avais compris que vomir m'évitait d'y aller, alors une fois, une seule, je me suis rendue malade. Ma mère a réalisé qu'il fallait agir vite et m'a inscrite dans une autre école. Il avait suffi d'une fois, mais désormais le germe était en moi.

L'été, maman organisait des fêtes et invitait tous les enfants de la rue. On n'avait pas un sou, mais son imagination suffisait. Elle transformait le toboggan du jardin en un véritable parc d'attractions, à grand renfort de tuyau d'arrosage et de bâches en plastique venues du chantier d'à côté. Tous les gamins accouraient, notre petite maison était toujours pleine à craquer. Maman nous apprenait à fabriquer des gâteaux et des cartes de vœux, elle nous emmenait à toutes les activités gratuites de la ville. Aux gamins dont la vie n'était pas rose elle offrait une épaule accueillante sur laquelle se reposer, et bien que souvent blessé son cœur restait toujours grand ouvert. Elle nous enseignait la bienveillance. Le dimanche midi, il n'était pas rare de voir la moitié des gamins du quartier assis par terre dans notre minuscule salon, des assiettes sur les genoux. Les enfants l'aimaient tellement que, le week-end, elle était obligée de mettre un écriteau sur la porte : « Ne pas frapper avant 8 h 30 ». Maman est coriace, mais c'est la femme la plus gentille et la plus juste au monde.

Quand j'y repense, je crois que lorsque sa mère est morte de manière si tragique et si prématurée, elle a fait de sa tristesse et de son amour une force. Elle soignait les chagrins des autres pour soulager le sien. Prendre soin des gens la réconfortait, lui donnait un but.

Faire preuve d'amour et de compassion est ce qu'elle m'a appris de plus important. Je crois que mon père a peur du monde, et qu'il noie cette peur dans l'alcool et la drogue. Dieu sait que maman aussi a des raisons d'avoir peur, elle a traversé beaucoup d'épreuves. Mais la différence, c'est qu'elle ne s'en prend jamais aux autres ; elle n'est pas rancunière ou méchante. Elle n'agit pas par peur mais par amour, et son amour pour les autres la guérit.

Après la mort de mamie, je suis devenue plus proche encore de papy. C'était un homme merveilleux, la star de notre équipe à Jake et à moi. Il était toujours là, disponible, prêt à rendre service. Il pensait beaucoup à nous et nous prouvait son amour par mille petits gestes adorables. Il avait par exemple acheté des talkies-walkies pour que Jake et moi puissions communiquer en secret, la tête sous l'oreiller, quand nous étions censés dormir. J'adorais le groupe Take That quand j'étais petite, alors papy a tout appris à leur sujet pour pouvoir en discuter avec moi. J'étais sa princesse, et il prenait toujours notre défense. Je me souviens d'une époque où j'avais très, très envie d'un sweat à capuche ; il est allé m'en acheter un au marché mais, évidemment, comme tous les parents et grands-parents, il n'a pas choisi le bon. Le sweat était gigantesque – un modèle homme, taille adulte. Il y avait écrit « USA » sur la poitrine – ce qui ne me plaisait pas du tout – et il n'avait pas de zip, alors qu'évidemment ce zip était indispensable. Mais je l'ai toujours gardé, et je le porte encore aujourd'hui quand je n'ai pas le moral.

J'avais 8 ans quand Ian a débarqué dans nos vies. Je ne l'ai jamais appelé papa, mais il est ce qui se rapproche le plus d'un père pour moi. Ian descend d'une lignée de gitans, il est souvent couvert d'huile, de peinture, voire des deux. Ses doigts sont ornés de bagues en or et, sur ses poignets, se dessinent des tas de petits tatouages tracés sur un coup de tête autrefois avec des amis : on peut ainsi lire toute l'histoire de sa vie rien qu'en regardant ses mains. Ian a le pire accent de Birmingham qui soit, et il appelle presque toutes les femmes qu'il connaît « bab ». (Bab fait partie du vocabulaire Brummie, c'est un mot qui se situe quelque part entre « chérie » et « bébé ». Pour un Brummie, « bab » est un diminutif affectueux, et pour Ian c'est aussi un moyen de vous appeler vite fait quand il ne se souvient plus trop de votre nom.) Ian conservait des tas de règles démodées, il nous a fallu du temps pour nous y habituer. Par exemple : ne pas garder son chapeau dans la maison, ne pas monter de nourriture ou de boisson à l'étage. Maman, qui n'avait eu personne depuis mon père, ne voulait pas nous le présenter avant d'être certaine que c'était sérieux ; alors au début, quand il téléphonait, Ian se faisait passer pour le personnage d'un de nos films préférés : *Madame Doubtfire*. Il l'imitait à la perfection, et avec mon frère on marchait à fond. Aujourd'hui, quand je lui en parle, il fait comme s'il ne voyait absolument pas ce dont il s'agit.

Au bout d'un an, Ian est venu vivre chez nous, et nous avons ainsi hérité de trois frères et d'une sœur qui venaient à la maison le week-end. Danny avait 7 ans, Hannah, 6, Ian, 4 ans, et Kyle venait juste de naître. Ian n'était pas le père biologique de Danny et Hannah, mais il les avait élevés depuis tout petits ; tous ont rapidement fait partie de la famille. Nous avions 8, 7, 6, 5, 4 et 0 ans et nos anniversaires étaient les 2, 22, 23, 24 et 30 juillet et le 5 août. C'est drôle comme coïncidence, et ça donne une idée du moment de l'année où nos mères avaient le plus envie de folâtrer. J'ai toujours eu peur du mois d'octobre, depuis.

Tous les enfants de familles recomposées savent qu'il y a forcément des problèmes. Beaucoup de problèmes. Jake et moi n'avions pas de père avant l'arrivée d'Ian, mais nous avions maman rien que pour nous. C'était notre maman adorée, à nous tous seuls. La vie c'était nous trois, avec papy juste à côté, et c'était très bien comme ça. On n'était pas riches, même si ma mère travaillait dur à s'occuper de dames âgées, mais on ne manquait de rien, Jake et moi. On avait toujours des cadeaux à Noël, on portait le bon uniforme à l'école, et la vie était douce malgré certains moments plus difficiles.

Quand Ian est arrivé, il a bien fallu s'adapter. Maman est restée celle qui rapportait l'argent et faisait tourner la maison, mais soudain il y avait bien plus de bouches à nourrir avec la même somme, et ce n'était pas assez. Réunir deux fratries et leur demander non seulement de bien s'entendre, mais en plus de s'aimer, c'était forcément délicat. Il y a eu les disputes classiques : « Tu n'as pas le droit de me dire ça, tu n'es pas ma mère », etc. Mais le véritable enjeu, c'était l'attention de maman. Avant, Jake et moi l'avions pour nous tout seuls. À présent, il fallait la partager avec cinq autres personnes.

Nous avons progressivement appris à nous entendre : pas moyen de faire autrement. La maison était petite, mais les murs se sont écartés pour accueillir ses nouveaux habitants. Ian, maman et le bébé couchaient dans la chambre de ma mère ; le week-end, les trois garçons logeaient dans celle de Jake, et Hannah dormait avec moi. J'aimais danser et chanter, et je préparais toutes sortes de numéros que je faisais répéter sans pitié à mes frères et sœur. En tant qu'aînée, c'était moi la chanteuse des tubes de S Club 7 que nous reprenions mais, à notre grand désespoir, le groupe s'est séparé et nous avons dû arrêter. J'ai ensuite formé un duo avec Hannah, mais, là aussi, nos divergences artistiques nous ont menées à la séparation.

Malgré sa nouvelle famille recomposée, maman trouvait encore du temps pour les voisins et les amis. Notre maison était le foyer d'accueil des proches dans le besoin. Les fugueurs, les suicides ratés s'y réfugiaient et ne rentraient chez eux qu'une fois réparés, remis à neuf comme des nouveau-nés. Avec mes frères et sœur, nous avons découvert les ratages et les chagrins d'amour en écoutant les adultes, cachés dans l'escalier. Il y avait du thé pour refermer les veines ouvertes et des rires pour recoller les cœurs brisés. Ma mère est une couturière hors pair : elle en a recousu, des âmes déchirées…

Un soir, un ami de la famille – appelons-le John – a tenté de se suicider en s'ouvrant les veines des deux poignets. Il a immédiatement regretté son geste, et il a débarqué. En attendant que l'ambulance arrive, ma mère lui a enroulé les bras dans des serviettes de toilette. Elle appuyait sur les points de pression, et moi je le faisais rire en lui racontant les drames de la vie d'une adolescente de 14 ans. Cela ne m'a pas vraiment impressionnée à l'époque et aujourd'hui non plus, pourtant quand je raconte ce genre d'incidents, beaucoup de gens sont choqués et me demandent comment je l'ai géré. Mais ce n'est pas quelque chose à « gérer », d'après moi. On nous a élevés comme ça, voilà tout. Lorsque quelqu'un a besoin d'aide, il faut faire de son mieux pour l'aider. Je savais que John risquait de mourir, mais je savais aussi que l'ambulance arrivait, et qu'il était entre de bonnes mains chez nous. On avait évité le désastre. Et puis j'étais fière que ma mère et Ian soient tellement appréciés dans la communauté, fière que John ait pensé à eux en pleine crise, fière qu'ils soient les plus à même de le sortir de cette situation.

Ayant grandi au milieu de tant de monde, j'étais une petite fille très ouverte aux autres. J'observais attentivement les gens dans la rue et lorsque quelqu'un souriait à un inconnu ou lui tenait la porte, je le remarquais. Un jour, je devais avoir 7 ans, en faisant les courses avec ma mère, j'ai aperçu un homme au sourire d'or. Oui, vraiment – il n'avait que des dents en or. Maman m'a dit de cesser de le regarder comme ça mais, une fois à sa hauteur, les mots m'ont échappé : « Votre bouche est pleine de soleil. » Il a souri et m'a répondu : « Toi aussi ! » Aujourd'hui, je revois son visage et je prends conscience que j'aurais dû avoir peur de lui, mais je n'ai jamais limité mes compliments à un certain type de personnes. Je faisais beaucoup de jolies rencontres. Je parlais aux inconnus au supermarché, ou bien je faisais la conversation à la caissière pendant que maman rangeait les courses. J'étais sensible aux petits gestes qui font la différence, et en retour les gens étaient plutôt bienveillants. Une chose aussi simple que de laisser sa place à une vieille dame dans le bus peut provoquer une conversation. On ne sait jamais où la gentillesse vous mènera.

À 10 ans, je me suis découvert une passion pour la poésie. Nous avions étudié des poèmes en classe, et notre instituteur, M. Brown, un grand type dégingandé avec des yeux de fou, nous avait donné comme devoir d'en écrire un sur le passage des saisons. À la maison, j'ai couvert mon cahier d'exercices de poèmes. Idem le jour suivant, et le jour d'après. J'avais décidé d'être journaliste ou écrivain, comme J.K. Rowling, parce que j'aimais écrire et que ce sont des métiers où l'on écrit tout le temps. Mon cahier se remplissait d'étoiles d'or ; très vite, on m'a envoyée chez la directrice pour qu'elle me complimente sur mes poèmes – sans doute aussi pour que je cesse de vider le stock de cahiers de l'école.

C'était terrifiant d'être envoyé chez la directrice, même quand on n'avait rien fait de mal. Je trouvais qu'elle avait l'air d'une sorcière, mince, les traits durs, et puis elle faisait peur à tout le monde. Un jour, mon instituteur m'a envoyée chercher quelque chose dans son bureau. Je savais qu'elle venait de perdre quelqu'un, je savais aussi ce que cela représentait parce que j'avais perdu ma grand-mère. Malgré ma peur, je voyais bien qu'elle était bouleversée. J'ai décidé de la serrer dans mes bras – et elle a cessé de pleurer. Elle ne m'a pas dévorée, ce qui m'a permis de comprendre que ce que je venais de faire était bien. J'avais 10 ans, et à mes yeux la directrice était la personne la plus puissante et la plus effrayante au monde mais, l'espace d'un instant, je l'avais consolée. Elle souriait, elle me parlait de mes poèmes et, pendant ce court moment suspendu dans le temps, nous étions semblables, elle et moi – heureuses de la présence de l'autre. J'étais soulagée qu'elle ne m'ait pas grondée, et toute contente d'avoir un peu changé les choses, même brièvement.

Après ça je suis devenue sa chouchoute. La coupe de fin d'année revenait d'habitude à un très bon élève, un de ceux qui étaient admis dans les meilleurs collèges de la région. On se demandait qui l'aurait et on avait parié sur une fille du nom de Neelam, parce qu'elle avait réussi à décrocher une place dans un super collège. On était tous assis à attendre dans nos costumes d'Oliver Twist, prêts pour le spectacle de fin d'année : de fausses traces de crasse sur le visage, les filles déguisées en amies de Nancy dans leurs longues robes fluides et les garçons en copains d'Oliver, en casquette et gilet. La directrice a prononcé un discours et on s'est tous tournés vers Neelam, prêts à la féliciter. Mais cette année-là, le discours nous a fait un choc – la coupe revenait à une élève qui n'avait pas fait toute sa scolarité dans l'école. Tout le monde s'est tourné vers moi, la directrice a prononcé mon nom, et elle a annoncé que je recevais la coupe grâce à ma gentillesse. Je n'étais ni la plus intelligente, ni la plus jolie, ni la plus riche ou la plus chanceuse, mais j'avais appris que l'on peut réussir autrement. La gentillesse a toujours été l'emblème de ma mère, et à présent c'était aussi le mien.

Chère Madame Penman,
J'étais soulagée que vous soyez si malheureuse ce jour-là, finalement. Bien sûr que je ne me réjouissais pas de votre malheur, mais il vous rendait plus vraie, plus humaine, comme moi. Dans ma tête j'avais fait de vous une sorte d'ogresse superpuissante qui sait tout, mais d'un geste vous avez effacé tout cela, et je vous en suis reconnaissante à jamais. J'ai été harcelée, et cela m'a appris à être craintive, à avoir peur des gens. Dans cette nouvelle école, j'avais peur de tout et de tous, vous compris. Ce jour-là, quand je vous ai consolée, vous aussi vous m'avez consolée. Je n'avais plus peur de vous, et vous avez détruit le mur que je m'étais construit pour me protéger des harceleurs. Vous m'avez fait comprendre que c'était bien d'être gentille, finalement, et qu'on ne me pousserait plus dans les portemanteaux à cause de ça.

À partir de ce moment vous m'avez toujours dit que je changerais le monde, même si mon monde à l'époque c'étaient les imitations des Spice Girls à la récré et les nouveaux ordinateurs dont il fallait apprendre à se servir. Vous m'avez aidée à reprendre confiance en moi, et je ne vous en remercierai jamais assez.

J'espère que vous profitez bien de la retraite.

Jodi

X

CHAPITRE 3

LORSQUE QUELQUE CHOSE VOUS REND HEUREUX, IL FAUT S'Y ACCROCHER

10 août 2013

MAMAN !
Je suis en ville avec Aliss, je reviens à 6 heures.
Ta tasse est prête : café + lait + deux sucres et quelques.
Tu n'as plus qu'à mettre la bouilloire en marche.
Oui, oui, j'ai utilisé la cuiller carrée (promis).
Je t'aime très fort maman, très fort et gros comme tout l'univers.
Jodi xxxxxxxxx

Je n'ai jamais compris la logique de ma mère avec sa cuiller carrée. Elle est persuadée que sans cette fameuse cuiller son café aura mauvais goût. D'ailleurs, n'allez pas croire qu'elle est vraiment carrée, cette cuiller. Elle est tout à fait normale, c'est une simple cuiller à thé avec un manche carré. Mais ma mère jure qu'elle a des pouvoirs magiques pour la préparation du café. J'ai parfois – très rarement – utilisé une autre cuiller en cachette pour la piéger, et elle n'a jamais rien remarqué. Si j'avoue, elle prétend qu'elle le savait mais qu'elle n'a rien dit pour ne pas me vexer.

J'ai joui d'une certaine liberté en grandissant. Maman était bien obligée de me faire confiance, car elle faisait des gardes : elle partait à 7 h 30 du matin pour la maison de retraite et y restait jusqu'à l'heure du déjeuner. Je ne la voyais qu'à mon retour de l'école. Ian était là le week-end, il y avait alors un adulte à la maison en cas de problème, mais dès que j'ai été assez grande je me suis occupée des plus petits. Ce n'était pas une obligation mais cela me plaisait, tout simplement. Et quand j'ai commencé à sortir toute seule, l'enfant suivant a pris les rênes et s'est chargé à son tour de mener les autres à la baguette.

Tant que je disais à ma mère où j'allais, ce que je faisais et à quelle heure je rentrais, elle me faisait entièrement confiance. Les parents de mes amis n'avaient pour la plupart aucune idée de ce que fabriquaient leurs enfants, et je crois que c'est ça qui rendait la transgression si attirante. Adolescente, je n'ai pas éprouvé le besoin de me rebeller en fumant ou en buvant. Jusqu'à 13 ans, je ne jurais même pas, un petit exploit en sorte. J'ai fini par sortir et me mettre à boire à 17 ans, mais ma mère était au courant. Elle savait où j'étais et ce que je faisais, et elle venait nous chercher en voiture à la fin de la nuit, mes amis et moi – tout en se moquant le lendemain de nos gueules de bois carabinées. Les quelques week-ends où j'en ai un peu trop fait, maman a été sans pitié. La franchise et la confiance qui règnent entre nous ne m'ont jamais pesé, et il n'y a rien dans mon passé que je préférais qu'elle ignore. Elle était tout aussi franche avec moi et me racontait ses erreurs : des moments où elle avait fait la même chose que moi, et les conclusions qu'elle en avait tirées. Cela m'a permis d'apprendre sans me sentir jugée. Maman a toujours eu un sens poussé du bien et du mal tout en étant très tolérante, très ouverte d'esprit, et je n'ai jamais eu l'impression de la décevoir. J'ai une chance inouïe d'avoir une telle relation avec ma mère.

J'ai été très heureuse au collège. Je m'entendais bien avec tout le monde, j'avais des amis et j'aimais les faire rire. Avec mon look d'adolescente classique, je ne me faisais pas spécialement remarquer, mes notes étaient bonnes et j'étais plutôt disciplinée. J'ai même été déléguée. Je réussissais dans la plupart des matières, sauf en maths. On est fâchées, les maths et moi.

Après ce premier élan d'enthousiasme, je n'ai pas repris la poésie durant mes années collège. Les anthologies de poésie scolaires ont le don de priver rimes et rythmes de toute joie. Mais la musique – et notamment les paroles des chansons – a continué à jouer un grand rôle dans ma vie. J'étais très occupée à explorer l'idée de l'amour et ce qu'il impliquait, et je tombais amoureuse presque quotidiennement.

Comme dans la plupart des écoles, nous empruntions les manuels de cours et nous les rendions à la fin de l'année pour qu'ils servent aux suivants. Il y avait toujours des messages au dos de nos vieux bouquins usés, griffonnés de la main de leurs anciens propriétaires : CONNARD, PAUVRE DÉBILE, RICH EST TROP SEXY, pour ne citer que les plus élégants. J'ai toujours espéré tomber sur un beau message sans jamais en trouver. J'en ai donc rédigé un sur l'un de mes manuels : « Tu es très jolie ! » Je partageais ce livre avec une amie et, la fois suivante, elle avait répondu « merci » juste sous mon message. Je me suis mise à faire des expériences : je laissais des petits mots gentils dans les livres de la bibliothèque, espérant qu'ils seraient découverts par quelqu'un qui en aurait besoin. Je n'en parlais à personne. Tout le monde était au courant de tout au collège, alors avoir un secret était agréable. J'aimais l'idée de cette gentillesse incognito. J'avais l'impression de faire partie d'un club secret au sein duquel je pouvais écrire des lettres anonymes – mais toujours positives – sans être découverte. Je n'avais pas oublié le harcèlement, je voulais être en mesure de faire quelque chose pour ceux qui en souffriraient.

L'ambiance dans ma classe était très joyeuse. Nous avons eu de la chance, car pour la plupart des enfants les souvenirs du collège ne sont pas les plus gais. Nous passions notre temps à rire et à tomber passionnément amoureux les uns des autres, le temps d'une journée. Mon premier baiser a eu lieu sous un pont, à 14 ans, avec un grand Goth qui s'appelait Courtney ; il est sorti avec moi pendant toute une journée. Du haut de ma grande expérience, je distribuais des conseils d'amour comme si j'avais fêté mes noces de diamant. L'amour, c'étaient des regards échangés dans la classe, des petits mots qu'on se passait, et des conversations jusqu'à minuit sur MSN même quand il y avait école le lendemain. Tout avait du sens, et tout était passionnant et nouveau. Je me suis toujours accrochée à ce sentiment d'optimisme et d'enthousiasme pour la vie, et ma sensibilité, mon côté impulsif et ma franchise viennent de là.

J'adorais faire passer des petits mots à l'école, ou en déposer un peu partout. J'écrivais des messages joyeux que je posais sur les sièges au hasard quand je savais que le prof du cours d'après était sans pitié. « Tu es super. Pense à ce que tu vas faire ce week-end. » L'un des professeurs avait le don d'intercepter les petits mots. Un jour, il a trouvé l'un des miens ; en l'ouvrant, il a souri : « Ah, un message sympa, pour une fois ! » Cela m'a fait sourire moi aussi, je trouvais ça drôle qu'il ne sache pas que ça venait de moi. À partir de 13 ou 14 ans, j'ai élargi mon champ d'action. Je me suis mise à glisser des petits mots le long des sièges du bus ou sur les tables des fast-foods. J'avais l'impression d'être un Bon Samaritain clandestin, chargé de remonter le moral des gens qui partaient travailler. Il doit en rester des centaines, de ces petits bouts de papier couverts de mon écriture ronde d'adolescente… parcourant sans relâche les rues de Birmingham à bord de nos vieux bus poussifs, tout froissés et crasseux depuis le temps, probablement coincés entre des emballages de bonbons et des chewing-gums desséchés.

En grandissant, je me suis rendu compte que ma mère n'avait vraiment pas tiré le gros lot dans la vie. Sa propre mère était morte jeune, mon père ne servait à rien, elle avait plein d'enfants à élever – notamment mon frère Jake chez qui on avait diagnostiqué de l'autisme et de la dyspraxie – le tout avec très peu d'argent. Mais malgré les soucis, elle ne se laissait pas déborder ; elle tenait le coup, jour après jour, tout en parvenant à rester aimante et drôle à la fois. J'essayais toujours de lui rappeler qu'elle était géniale, et je lui laissais des mots sur le Frigidaire ou sur la télé pour qu'elle les trouve le matin en se levant. Parfois, quand les enfants d'Ian étaient là, je me levais tôt et je prenais le petit Kyle avec moi. Pendant que tout le monde dormait, je mettais Kyle devant la télé et j'écrivais une lettre à ma mère. Quand j'ai eu l'âge d'avoir un téléphone portable, j'envoyais des SMS à maman pour qu'elle sache que je pensais à elle, et que je l'aimais.

♥

La vie est devenue plus dure au milieu de mon adolescence. Papy souffrait d'un cancer depuis un moment, il est mort l'année de mes 13 ans. C'était un vendredi soir, mon frère et moi étions à un club de jeunes ; on est venu nous chercher pour lui dire adieu mais, le temps d'arriver chez lui, papy était mort dans son lit. J'ai demandé à rester un moment avec mon grand-père. Je me suis assise toute seule à côté de lui et je lui ai parlé. Je lui ai dit combien il allait me manquer, je lui ai dit qu'il serait fier de moi et que je m'occuperais bien de maman à son enterrement, j'ai promis d'interpréter *« Count on me »* de Whitney Houston, que nous aimions beaucoup tous les deux et qu'il adorait m'entendre chanter. Maman raconte qu'il avait passé la journée à regarder fixement dans un coin de la pièce en parlant de ma grand-mère. On dit parfois qu'au seuil de la mort les esprits de nos proches viennent nous accueillir. On peut hausser les épaules à cette idée, mais quand mon grand-père est mort, il avait l'air en paix. Sur son visage, son sourire disait que tout allait bien se passer.

Je m'étais sentie heureuse et en sécurité au collège, mais après mon brevet j'ai dû changer d'établissement pour aller au lycée. Ce fut difficile de quitter la bulle douce et protectrice du collège pour le grand changement du lycée. Trois établissements quadrillaient mon quartier, ma classe a donc été divisée et j'ai été séparée de tous mes copains. C'était dur de repartir à zéro, de se faire de nouveaux amis. J'ai commencé à sortir avec un garçon – rien de sérieux, juste pour s'amuser. Tout se passait bien jusqu'au jour où un de ses copains lui a demandé, en parlant très fort, ce qu'il fabriquait avec une grosse comme moi. Je ne m'étais jamais trouvée grosse – enfant, j'étais normale – mais cette remarque stupide a déclenché quelque chose en moi. Soudain, je suis devenue complètement obsédée par mon poids, par les régimes, par le nombre de calories et la taille des portions. Mon amoureux s'est envolé en moins d'un mois – j'ai vite réalisé que lui et ses copains n'étaient qu'une bande de petits imbéciles qui manquaient totalement de confiance en eux. En revanche, l'obsession du poids est restée, malheureusement.

Presque toutes les adolescentes passent par une phase où elles s'inquiètent de leur apparence. Elles se trouvent trop grosses ou trop boutonneuses, ou bien leurs cheveux ne sont pas de la bonne couleur, ou alors c'est une partie de leur corps qui leur déplaît. La plupart des femmes ont quelque chose de leur physique qu'elles n'aiment pas. Beaucoup font trop de régimes, mais avec le temps elles finissent par apprendre à vivre avec leur corps, à savoir se mettre en valeur et à cesser d'être obsédées par leur poids. Et si je n'avais pas rencontré Tom, ça aurait été pareil pour moi.

À 16 ans ¾ j'avais eu pas mal de petits copains, mais c'était toujours resté très innocent, et je n'avais jamais dépassé le stade des baisers. À mon âge, la plupart des filles de la classe avaient déjà couché, et je commençais à ressentir la pression. Quand est-ce que j'allais faire « ça » et avec qui ?

Qui que ce soit, je savais que ce serait merveilleux. J'étais amoureuse de l'idée même de l'amour. J'étais une grande romantique, j'avais vu des dizaines de films à l'eau de rose et je chérissais le souvenir des longues années de bonheur de papy et mamie. Je voulais la même chose pour moi. Pas question de finir comme ma pauvre maman, avec un bon à rien comme père de mes enfants.

Birmingham avait une scène alternative assez intense, dont certains élèves du lycée faisaient partie. Mon amie Aliss fréquentait une boîte réservée aux amateurs de punk, de rock et de heavy metal. Nous étions trop jeunes pour entrer, mais chaque semaine nous inventions des mensonges plus gros que nous pour passer la barrière des videurs. Un soir, malgré mes 16 ans, nous avons prétendu que c'était mon enterrement de vie de jeune fille. On nous a fait monter sur scène, et nous avons fêté ce mariage imaginaire en buvant du champagne bon marché offert par la maison. C'était hilarant. Nous faisions exprès de compliquer nos histoires de semaine en semaine, tant et si bien qu'au bout d'un moment les videurs nous faisaient passer en premier. On s'amusait beaucoup.

À cette époque j'étais une vraie « emo ». Je ne l'aurais jamais admis alors, mais j'étais l'incarnation de ce genre de fan de musique grunge. Je portais des extensions de cheveux noirs et blonds, des Converse et une tonne d'eye-liner, et j'écoutais les Fall Out Boy, Alkaline Trio, Brand New et Taking Back Sunday – j'ai encore un (gros) faible pour eux. Les garçons qui me faisaient craquer avaient des franges et des tatouages, de beaux yeux et un regard timide. Tout a commencé avec Tom.

Il était plus âgé que moi, 23 ans, et il faisait plus mûr. Un ami commun nous a présentés en boîte de nuit. Il était grand et poilu ; mon ami m'a dit de me méfier de lui, car c'était un coureur, et qu'il ne cherchait pas de petite amie. J'ai immédiatement mordu à l'hameçon, évidemment. Je voulais être celle qui parviendrait à le faire changer.

C'était très romantique, exactement comme dans les films. Je l'ai revu, et il m'a demandé de sortir avec lui par message vidéo sur MSN, en brandissant des panneaux en carton devant l'écran.

TU ES
SI BELLE
ET SI CHARMANTE
VEUX-TU
SORTIR AVEC MOI ?

J'en ai eu le souffle coupé tellement je trouvais ça mignon.

Quand je suis arrivée chez lui, il écoutait Sigur Rós, un de mes groupes favoris. C'était exactement comme dans les scènes d'amour de mes comédies romantiques pour ados. Je m'étais persuadée que j'étais prête, et voilà que le moment arrivait.

On a couché ensemble ; ça n'avait absolument rien à voir avec l'idée que je m'en faisais. C'était bref et ennuyeux, et je n'étais pas vraiment impliquée. Moi, je m'étais imaginé un méli-mélo d'histoires de mes copines et d'extraits de mes comédies romantiques préférées. J'avais envie que ça compte et là, ça n'avait aucune importance. À la fin, je n'avais vraiment plus l'impression d'exister à ses yeux. Il l'avait déjà fait plein de fois et il savait que c'était ma première, j'avais pensé qu'il m'apprendrait, qu'il me dirait quoi faire, mais le temps que j'y réfléchisse il avait déjà terminé. Il s'est rhabillé, et je me suis sentie congédiée. Ce sentiment-là, on ne se l'avoue pas en gloussant dans les toilettes des filles. Ce sentiment, il laisse des marques bien plus profondes, des blessures silencieuses qui allaient durer bien plus longtemps que notre brève rencontre. J'avais l'impression d'avoir accepté de me faire battre.

Je l'ai raconté à ma mère le lendemain en lui faisant passer un mot ; c'était notre façon de nous dire les choses difficiles parfois, et aussi les choses agréables. J'ai écrit :

— Devine quoi ?

— Quoi ? a-t-elle répondu.

— J'ai couché avec Tom.

Ma réponse n'était pas griffonnée avec excitation, c'était plutôt une confession. J'avais l'impression d'avoir fait quelque chose de mal.

Maman a eu l'air anéantie. Elle savait qu'il était plus âgé que moi, elle savait où je l'avais rencontré. Elle était consciente que je me battais avec la nourriture, que je sautais des repas et que je comptais les calories, elle savait que je n'étais pas prête à découvrir ce genre de choses, c'était trop important. Ma mère se rendait compte que je devenais très introvertie. J'avais du mal à aller en cours, et les seules personnes dont je me sentais proche étaient elle et Aliss, ma meilleure amie. Ce n'était vraiment pas le bon moment.

Il m'a larguée le jour même, par texto. Un très long texto qui s'étalait sur plusieurs messages. J'étais obligée de les effacer au fur et à mesure, car ma boîte de réception ne pouvait en contenir que quatorze ; il lui a donc fallu quinze minutes pour se débarrasser de moi. Il en faisait des tonnes et citait plusieurs chansons de Damien Rice assorties de clichés du style « c'est pas toi, c'est moi » pour essayer de masquer le fait qu'il n'était qu'un gros loser.

J'avais mis Tom sur un piédestal, j'en avais fait ce type fantastique dont j'étais tombée éperdument amoureuse. Je le prenais pour le cavalier qui viendrait me sauver sur son cheval blanc. J'ai vite compris que c'est lorsqu'on sent qu'on a besoin d'être sauvée qu'on regarde complètement du mauvais côté. Ç'a été mon premier chagrin d'amour.

J'avais déjà pris l'habitude de surveiller mon alimentation, de compter les calories et de peser les portions après m'être fait traiter de grosse. Mais soudain, ça s'est aggravé. Je me suis mise à me faire vomir.

La première fois, j'étais sortie manger une pizza avec des amis. Je n'en avais pas vraiment envie, j'avais trouvé ça écœurant, bourratif et trop riche en calories. Je me sentais lourde en rentrant, et pendant tout le chemin jusqu'à la maison je me disais : « Il faut que je m'en débarrasse. » Je me suis fait vomir dès mon arrivée. Je me sentais vide. Cela a brièvement apaisé mon sentiment de haine de moi-même (même si je réalise à présent que le problème était lié). J'avais l'impression qu'en me faisant vomir, j'allais enfin parvenir à me reprendre en main et à devenir plus jolie.

Après ça, j'ai compris que je n'avais plus besoin de compter les calories. Il suffisait de manger normalement puis de me faire vomir. Je me trouvais très maligne : je ferais ça en secret, il n'y aurait plus de commentaires sur ce que j'avais mangé ou pas mangé. Ma mère avait remarqué mon attitude envers la nourriture, et j'espérais pouvoir enfin faire un régime sans qu'elle soit au courant. Cela me plaisait, c'était mon secret à moi. J'ai maigri – environ 9 kilos – j'avais l'air malade et fatiguée, mais je n'étais toujours pas mince. Le plus étrange, c'est que j'avais toujours condamné ce genre de comportement. Je savais que je n'aurais pas dû faire ça. J'avais toujours été l'enfant sage et, enfin, je faisais quelque chose de mal. Je me rebellais, mais pas contre maman ; mon arme, je la retournais contre moi. Je me suis renfermée sur moi-même, et le reste du monde est devenu flou.

J'ai été boulimique – c'est le nom que j'ai appris à donner à cette maladie – pendant plusieurs années. Au plus fort de la maladie, je me faisais vomir dix fois par jour, parfois jusqu'à l'évanouissement. J'avais un rituel spécifique, un rite étrange et malsain qui me donnait l'impression que tout allait bien. Je mangeais et, juste après, je me faisais vomir aux toilettes en pensant que personne n'avait rien remarqué. Je choisissais même des aliments dont le goût ne serait pas trop désagréable en ressortant – des céréales sucrées, par exemple. Je me trouvais franchement bien trop laide pour entrer en contact avec les autres. J'allais manger toute seule, dans le jardin, dans le panier du chien, n'importe où du moment que je pouvais m'isoler. J'avais l'apparence d'une adolescente de 17 ans normale mais, dans le miroir, je me trouvais obèse. Ce n'était pas rationnel, mon poids n'était pas en cause ; en réalité je ne parvenais pas à gérer ma vie, et la boulimie était un problème de contrôle. Être boulimique me permettait de me focaliser uniquement sur la nourriture et d'oublier tous mes ennuis, qui pour la plupart n'étaient d'ailleurs que des angoisses classiques d'adolescente. Je n'avais aucune confiance en moi, c'était comme si quelqu'un avait éteint la lumière à l'intérieur. J'avais l'impression de n'avoir aucun contrôle sur ma vie. Je me retrouvais dans un monde nouveau, effrayant, où la seule chose que j'étais capable de maîtriser était mon poids. Avec le recul, je vois bien que je n'avais aucun contrôle sur la maladie ; c'est elle qui me dominait. J'avais le cœur à découvert, et j'étais incapable de me protéger des méchants. La boulimie était mon bouclier, même si peu à peu elle me détruisait de l'intérieur.

Ma famille a pigé très vite, évidemment. J'avais mauvaise haleine, j'allais aux toilettes juste après manger et je tombais tout le temps dans les pommes. Les indices n'étaient pas bien difficiles à repérer. Je le faisais peut-être exprès pour que maman les voie et qu'elle vienne me tirer d'affaire, car je me détestais trop pour parvenir à appeler au secours. Je ne pensais pas mériter qu'on m'aide. J'avais été souvent rejetée – par mon père, par les harceleurs à l'école, par de sales types. Même la mort de papy, je l'avais ressentie comme une sorte de rejet. J'en arrivais à croire que moins on avait d'amis, moins on risquait qu'ils vous fassent souffrir. Je n'avais confiance qu'en ma mère et en ma meilleure amie.

Personne n'a rien dit pendant un moment, mais maman n'a plus acheté de céréales sucrées. Elle s'est mise à me suivre partout dans la maison. Les repas sont devenus une course à qui finirait en premier. Ian engloutissait sa part en vitesse et se précipitait aux toilettes, où il restait pendant vingt minutes pour m'empêcher d'aller vomir. Un jour, j'ai tout avoué à maman, qui n'attendait que ça. Elle m'a immédiatement emmenée chez le docteur et j'ai commencé à voir des spécialistes. Un nutritionniste m'a avertie que je fragilisais mon cœur, ce qui m'a fait réfléchir.

J'ai eu la chance d'être soutenue par ma famille et de rencontrer un médecin fantastique qui m'a sortie de là. Le Dr Khan était un petit homme d'origine égyptienne, très mince, la peau dorée, avec de longs membres et une voix rassurante. Nos séances consistaient uniquement à parler, et c'était presque comme s'il faisait partie de ma famille. Il ne criait pas, il ne s'énervait pas, il restait calme et rationnel sans pour autant être condescendant. Quand on est boulimique, il n'y a rien de pire que de s'entendre dire que c'est complètement ridicule. Pour moi, à cette époque, la boulimie c'était tout. Ma vie s'organisait autour du rituel. Quant à ceux qui ne me comprenaient pas, ils étaient la preuve qu'il fallait que je les tienne à distance. Avec le Dr Khan, je ne me sentais ni ridicule ni jugée. Il m'a expliqué le pourquoi de ce que je ressentais, en me faisant comprendre que ma conduite était une addiction ; j'avais trouvé un moyen de me faire du mal et je m'y accrochais. J'étais en train de m'autodétruire, en réalité.

La boulimie a duré plusieurs années. Pour que j'arrête enfin de me faire vomir, le Dr Khan m'a entraînée à imaginer sa tête dans la cuvette des toilettes. Cela me terrorisait, au début – j'avais vu un documentaire sur les nuisibles, avec un rat qui remontait dans les tuyaux pour venir mordre les fesses de celui assis sur les W-C. L'histoire était sans doute inventée, mais depuis elle hante mes passages aux toilettes. Ce serait épouvantable de tomber sur une tête coincée dans la cuvette ; si en plus il s'agit du visage aimable du Dr Khan, vomir dessus serait extrêmement malpoli. J'ai donc fini par arrêter. J'ai continué de voir le docteur pendant des années, jusqu'à ce qu'il parte travailler aux urgences. J'ai pleuré lors de son départ. Il était mon équilibre depuis mes 16 ans.

Les médecins pensent toujours que je suis devenue boulimique parce que je me suis sentie rejetée par mon père. L'explication est un peu facile, à mon avis, même s'il y a sans doute un fond de vérité. Je crois plutôt qu'étant quelqu'un de très ouvert, je pars du principe que les gens vont bien se comporter. Lorsque ce n'est pas le cas – quand on me harcèle ou qu'on me fait du mal – cela me rend vulnérable. À l'époque, je n'avais pas encore appris à ouvrir mon cœur tout en me protégeant ; je ne comprenais pas que les gens disent souvent du mal de vous parce qu'ils souffrent, et qu'ils cherchent à se débarrasser de cette douleur en la transmettant à quelqu'un qu'ils jugent plus faible qu'eux. C'est ça, le harcèlement.

La boulimie ne disparaît jamais vraiment, un peu comme la dépression. Une fois qu'elle vous a rendu visite, elle reste là, en arrière-plan, toujours prête à revenir. Il faut apprendre à la maîtriser, à guetter les moments de stress ou de perte de contrôle qui réveillent l'envie de vomir, et savoir qu'on n'est pas obligé d'y céder.

Quoi qu'il en soit, je suis sortie plus forte de cette expérience. Je crois au proverbe : « Ce qui ne vous tue pas vous rend plus fort. » J'ai compris que même les problèmes graves ne sont pas insurmontables, qu'il est possible de guérir et de continuer à avancer dans la vie. À présent, je veux aider les autres à le comprendre aussi.

J'ai quitté l'école à 18 ans et je me suis mise à travailler. J'ai toujours été accro au boulot – j'accumule les emplois comme certains collectionnent les timbres ou les poissons rouges. Entre 18 et 20 ans, j'ai eu trois jobs différents : serveuse dans un club de strip-tease, barmaid dans un pub, et vendeuse de bijoux dans une petite boutique nommée Beadasaurus. Je détestais le club de strip-tease. J'avais répondu à une petite annonce sur Gumtree pour être serveuse, sans aucun renseignement sur la nature de l'établissement. Mais dès mon arrivée, on m'a tendu mon uniforme : talons hauts (je n'en porte jamais) et microshort en lamé. On m'a mise au boulot tout de suite. La boîte était pleine d'hommes d'affaires et de footballeurs, et parmi les strip-teaseuses, on rencontrait de tout, depuis l'étudiante qui se paye ses études jusqu'à des femmes de l'âge de ma mère. C'était horrible. J'ai vu là-bas des choses tellement sordides que je me sentais salie. Mais j'y retournais tout de même tous les jours, car j'avais besoin d'argent. Entre ce travail et mes autres emplois, certains jours je travaillais en continu de 10 heures du matin à 5 heures le matin d'après, mais cela ne me dérangeait pas. Je tenais beaucoup à travailler, à gagner de l'argent et à me concentrer sur quelque chose de positif.

L'année qui a précédé la piqûre de tique, je travaillais chez Levis la journée et j'étais serveuse au pub The Hare and Hounds la nuit. Ces deux emplois me plaisaient et j'y avais des amis proches, sur qui je pouvais compter ; ils ont vite constitué l'essentiel de ma vie sociale. Chez Levis, on me confiait toujours le rayon féminin, du fait de mon caractère et de mon rapport aux femmes. Acheter un jean, c'est le cauchemar absolu pour la plupart des filles que je connais. L'essentiel est de trouver le modèle qui vous va, et je tenais à ce que chaque cliente se sente belle et à l'aise à la fois. Je sais ce qu'il en est de détester son apparence et je m'identifiais facilement aux femmes et à leurs complexes. Au siège de Levis, ils ont commencé à recevoir des lettres de clientes qui avaient apprécié mes services. C'était merveilleux d'être reconnue pour mon travail, d'autant plus que je craignais en permanence de me faire renvoyer : j'étais incapable de plier les t-shirts correctement. J'inventais des pliages que je trouvais très artistiques, mais ce n'était jamais *la* bonne manière. Chaque jour, je m'attendais à ce que mon chef débarque et me dise : « Eh, toi, Picasso, t'es virée ! » J'ai tendance à m'inquiéter de tout jusqu'à l'obsession. Je crois que c'est de famille. Nous sommes des angoissés de nature, nous les Bickley.

Le Hare and Hounds était comme une famille, une grande famille dysfonctionnelle. Tous les employés étaient un peu loufoques : les petits frères agaçants, les parents autoritaires, les sœurs qui se disputent tout le temps mais qui s'adorent, en vrai. C'était toujours très agréable d'y travailler ; nous formions une équipe, et chacun avait son rôle.

Quand je n'étais pas au travail, j'écrivais des poèmes. J'avais redécouvert la poésie après le lycée. Écrire était pour moi un exutoire fantastique. Je déversais toutes mes pensées, tous mes sentiments dans mes poèmes. Être créative m'apaisait et m'épanouissait en même temps. J'avais pas mal d'aventures amoureuses, et beaucoup de mes poèmes tournaient autour de ce thème-là. L'un d'entre eux parlait de Tim, le play-boy du coin. Comme moi, il manquait totalement de confiance en lui, et le dissimulait derrière des orgies de sexe et d'alcool. Il n'était pas spécialement attirant – je ne l'avais pas remarqué avant qu'on passe la nuit ensemble – mais son attitude à la fois arrogante et charmeuse le rendait très attachant. Nous avons couché ensemble et j'espérais le revoir, mais pour Tim je n'étais qu'une encoche de plus sur sa tête de lit. Ça ne me plaisait pas de n'être qu'une fille parmi tant d'autres. J'ai décidé d'y remédier.

Je manquais encore beaucoup de confiance en moi et je n'aimais pas mon corps, mais écrire de la poésie m'avait donné suffisamment d'assurance pour être capable de me venger de Tim. Ça lui apprendrait à se servir de moi. J'avais entendu parler de la poésie-performance – des poèmes que l'on récite comme des paroles de chanson, devant un public. J'ai donc écrit un poème sur Tim, des amis m'ont enregistrée et je l'ai posté sur Myspace. Le poème s'appelait « Dispo* », du nom d'une chanson de Kings of Leon que Tim aimait bien. Il était d'autant plus identifiable qu'il avait le mot *Dispo* tatoué sur la poitrine. La rumeur s'est répandue à toute allure, c'était

* « On Call » en version originale.

génial. Des filles avec qui Tim avait couché m'envoyaient des messages du style : « Enfin ! » Des amis avaient organisé un festival dans leur jardin, et je savais que Tim y serait. J'ai sauté sur l'occasion, et j'ai récité le poème en live devant quarante personnes environ.

Dispo

Écoute chérie, c'est sûr je t'aime bien mais pas à ce point.
Ah OK, mais du coup la nuit dernière c'était rien ?
Tu sais ce que c'est bébé. Le lit d'Ashley Cole est vide par rapport au mien.
Ah ! Je croyais que tu étais différent.
On est tous les mêmes, t'étais pas au courant ?
Si ça te va pas bébé joue pas dans la cour des grands.
OK je te chante une chanson et je te mate, ma caille,
Mais si tu veux me revoir je te dirai
Bye Bye…
Non, j'ai pas de problèmes d'engagement,
J'ai juste trop le choix pour choisir vraiment.
Comment tu veux que je drague ces dames avec les mains liées ?
Tu veux que je te coure après
J'suis pas du genre à ramper
T'as vu la médaille sur ma poitrine, non ?
Je suis toujours dispo, à fond.
Écoute, t'es mignonne, mais une de perdue dix de retrouvées, tu sais
J'suis irrésistible – elles ont toutes besoin de venir y goûter
T'accroche pas tu casses mon image dispo, une nana briserait mon style
Mais bon, pas la peine non plus d'être aussi hostile

Tes copines sont plutôt mignonnes, je finirai bien par me les taper
Viens pas plomber mes journées avec tes regards meurtriers
Je vais pas te mettre la bague au doigt c'était une nuit c'est tout bébé
T'as pas compris, t'en voulais plus et tu te sens un peu seule ? Désolé.
Non non, t'inquiète – retourne à tes reines du rock si c'est ça qui te fait envie,
Mais ne viens pas te plaindre quand ton zizi sera pourri.

Tout le monde a adoré – sauf Tim. Il est venu me voir à la fin, la queue entre les jambes, et m'a dit : « Tu m'as bien eu » d'un air honteux. J'ai entendu dire qu'il avait fait effacer son tatouage en vitesse.

J'étais extrêmement fière de moi. Je tremblais de tous mes membres le soir du festival mais j'ai surmonté ma peur, car c'était très important pour moi que mon poème ait un public. L'attitude de Tim aurait dû me déprimer, mais j'ai réussi à retourner la situation, à la rendre presque drôle – et j'ai adoré ça. Ça me faisait tellement de bien ! J'avais toujours su que les mots avaient du pouvoir. J'étais en train d'apprendre que mes mots à moi aussi étaient puissants.

Le même jour, je reçus un e-mail de la Roundhouse à Camden Town, à Londres, pour me proposer de participer à des sessions de slam. J'avais envoyé mes poèmes à Laura Dockrill, une des rares slameuses que j'aie jamais écoutée, et c'est elle qui m'avait conseillé de les contacter. Je m'étais inscrite sur un coup de tête : le slam, je ne savais pas vraiment ce que c'était. La foule qui m'attendait là-bas s'y connaissait, elle, et j'étais bien la seule à avoir un accent Brummie – à part un certain Polar Bear. Apparemment c'était quelqu'un, et en plus il présentait. Je n'avais pas réalisé que j'allais devoir monter sur scène devant plus de cent personnes et leur lire les poèmes que j'avais griffonnés sur mon vieux cahier. Je tremblais, et c'est en tremblant que j'ai passé la première sélection, puis la seconde, et Dieu sait comment j'ai gagné. Certains jours dans la vie marquent le début d'un nouveau chapitre, et ce jour-là en fut un.

Après l'épisode pénible du lycée, ma vie repartait du bon côté. Les quelques années qui ont suivi ont été très heureuses ; je faisais des performances tout en travaillant et en sortant avec mes amis. J'étais remplie d'énergie et de joie de vivre, toujours très occupée, et en 2011 j'ai fini par atteindre mon poids idéal – sainement ! On me tournait beaucoup autour, mais quand j'ai rencontré Wil, j'ai su qu'il allait jouer un rôle important dans ma vie. Nous sommes entrés en contact parce que la vidéo d'une de mes performances avait été postée sur sa page Facebook. Voici son premier commentaire : « Cette fille, je vais l'épouser. » Mais ça, je l'ignorais quand il m'a demandée comme amie, avec un petit message pour me dire qu'il aimait ce que je faisais. Ce n'était pas la première fois qu'un inconnu me contactait par Internet, et je n'y ai pas prêté attention sur le moment.

Wil vient de Cromer, dans le Norfolk, c'est assez loin de Birmingham ; nous avons commencé à chatter sur Internet sans plus pouvoir nous arrêter. Comme il avait l'air plutôt drôle sur ses photos, j'avais envie de mieux le connaître. Il avait tout pour me plaire : les cheveux noirs, des tatouages, des piercings, une super bonne mine. Je ne pensais pas le rencontrer en vrai : je n'étais pas du genre à donner suite aux rencontres virtuelles et je ne voyageais pas seule, ayant vu trop d'émissions sordides à la télé. Alors la vie a continué. Mais je l'appréciais de plus en plus, cet homme que je n'avais jamais vu, et j'apprenais à le connaître à force de passer des heures à lui parler sur Facebook, sur Skype et au téléphone.

Juste avant mes 23 ans, Wil m'a annoncé qu'il fabriquait quelque chose pour mon anniversaire. Le jour J, j'ai trouvé un paquet devant ma porte : il m'avait envoyé une boucle d'oreille en bois faite à la main. Elle était magnifique, on voyait qu'elle lui avait coûté beaucoup de temps et d'efforts. Je n'arrivais pas à croire que quelqu'un ait pris le temps de me fabriquer quoi que ce soit.

Au début du mois d'août 2011, j'étais à la caisse chez Levis quand Wil est entré avec plusieurs de ses amis. Je crois que je n'ai jamais été aussi heureuse de voir quelqu'un. Il était tellement beau en vrai, son sourire et ses yeux étaient magnifiques. Si je devais définir le moment où je suis tombée amoureuse de lui, je dirais : ce jour-là. Dès que j'ai eu fini ma caisse, je lui ai sauté au cou et je l'ai embrassé. Ses amis étaient adorables, le genre de personnes avec qui je savais que je pouvais bien m'entendre.

Laissez-moi vous parler de lui ! Il est grand, les épaules larges, avec d'immenses yeux marron totalement craquants. Son corps était comme une ardoise magique sur laquelle des tatoueurs se seraient entraînés. Certains de ses tatouages étaient très beaux, d'autres – il était le premier à le reconnaître – pas du meilleur effet. J'ai rapidement découvert qu'il était extrêmement talentueux. Wil est un artiste, incroyablement doué, c'est un artisan habile aussi, capable de fabriquer des origamis et des bijoux aux motifs complexes, comme la boucle d'oreille. Il apprend très vite. Au restaurant, il laissait souvent un bel origami en forme de cœur ou de cygne pour la serveuse et moi, inspirée par son exemple, j'écrivais un petit mot de remerciement. Il savait s'amuser mieux que personne. Sa personnalité haute en couleur était contagieuse et sa beauté lui attirait les faveurs des femmes de tous âges. Il cherchait toujours à faire sourire les gens.

Wil enchaînait les lubies, et durant quelques semaines il se prenait de passion pour une chose ou pour une autre : un jour une trompette dont il jurait qu'il allait apprendre à jouer, un autre une collection de canards en plastique. J'avoue que je n'ai jamais compris le pourquoi du comment des canards en plastique, mais j'ai fini par m'y attacher.

Cette première visite surprise m'avait rendue très amoureuse. Je suis allée le voir en week-end à Cromer, et il a organisé la visite idéale. On a pique-niqué, on est allés au zoo, j'ai rencontré ses amis et rapidement aussi sa famille, qui était adorable. Nous ne nous connaissions que depuis un mois mais nous avions de plus en plus de mal à être séparés, le coup de foudre était trop puissant. On s'inventait une vie parfaite, au bord de la mer, nos enfants jouant avec des jouets en bois que Wil leur aurait fabriqués tout en faisant pousser des légumes dans le jardin et en élevant des poules. C'était un grand romantique, toujours un appareil photo à la main, afin d'immortaliser nos moments heureux pour nous en rappeler une fois devenus vieux.

Parallèlement, je faisais des performances poétiques à Glastonbury et à Shambala depuis septembre 2011 ; je n'en revenais toujours pas de pouvoir me produire dans tous ces lieux mythiques. Chaque nouvelle scène était une expérience de plus, qu'elle soit bonne ou mauvaise. Je savais que j'étais sur le bon chemin, que j'allais trouver ma voie – quand et comment, aucune idée, mais écrire me rendait heureuse comme jamais. Lorsque quelque chose vous rend heureuse, il faut s'y accrocher, alors dès qu'on me proposait une performance, j'acceptais. Du moment que cela me permettait de monter sur scène dans un festival, j'étais partante, même quand le voyage durait six heures et qu'il n'était pas remboursé. J'avais l'impression d'être un bébé rock star que personne ne reconnaissait, perdue sans un sou au milieu des tentes plantées dans un champ boueux. Chaque minute était un plaisir, je n'avais jamais été aussi heureuse. Enfin, tout prenait sens pour moi ; j'adorais être une adulte, j'adorais la liberté. Wil me manquait quand nous n'étions pas ensemble, mais on s'appelait et on s'envoyait des messages tout le temps.

Et puis j'ai été invitée au Bestival. J'étais folle de joie. J'avais toujours voulu aller à ce Bestival sur l'île de Wight ; pouvoir m'y produire était mon rêve le plus cher. J'y ai donc débarqué avec Sarah, une de mes meilleures amies, et nous avons monté la tente. Nous espérions posséder un jour un de ces grands tipis, comme les artistes qui viennent pour *vivre* le festival. Ils sont énormes, assez hauts pour tenir debout et courir à l'intérieur – on n'a pas forcément envie d'y courir mais c'est toujours bien d'en avoir la possibilité. Beaucoup de mes amis performers participaient aussi au Bestival, ça faisait comme de petites vacances. Le temps était magnifique, tout était absolument parfait. Le jour, je faisais des performances poétiques dans la forêt, devant un public allongé dans des hamacs, et la nuit j'écoutais Björk et les Maccabees. Nous étions de vraies canailles, Sarah et moi, toujours armées de petites bouteilles remplies d'une mixture préparée dans la tente. Nous n'étions pas de grosses buveuses, et quelques gorgées suffisaient à nous mettre dans l'état souhaité : pompettes et malicieuses.

C'était fantastique, et nous sommes revenues dans un état de bonheur absolu, couvertes de coups de soleil et de piqûres d'insectes. Si j'avais une assez grande boîte, j'y enfermerais chaque seconde de cet été-là. L'expérience avait été passionnante… et n'allait pas tarder à virer au cauchemar.

CHAPITRE 4

J'AI DEMANDÉ À MAMAN SI J'ALLAIS MOURIR

8 décembre 2011

À une infirmière
Hôpital de Solihull
Lode Lane
Solihull
B91 2JL

Chère infirmière,
(Je suis désolée mais je ne me rappelle même plus votre nom)

Je vous écris mais même si cette lettre vous parvient un jour, vous ne devinerez sans doute jamais qu'elle parle de vous. Vous ne réalisez probablement pas que vos actes de cette nuit-là méritent d'être consignés par écrit, mais c'est le cas pourtant. Ils en valent vraiment la peine, croyez-moi. Et vous aussi vous en valez la peine. Sincèrement.
J'avais tellement peur. Était-ce à cause de la dose de morphine dans mes veines, ou parce que ma mère

me manquait comme jamais ? Je ne maîtrisais plus rien, le monde tournait à toute allure et je me répétais désespérément : « Ce n'est rien, tu as mal dormi, tu es en train de faire toute une histoire pour rien. » Pendant vingt minutes j'ai pleuré de peur et de fatigue, de honte aussi, et vous m'avez tenu la main. Vous ne m'avez pas dit que tout allait s'arranger. C'était inutile – j'avais juste besoin de quelqu'un. Quand vous m'avez crue endormie, vous m'avez embrassée sur le front. Et ça, je sais que vous n'y étiez pas obligée. Mais vous l'avez fait, et ça a fait une vraie différence.

Merci.

Jodi

Xx

Mes souvenirs de l'hôpital sont très flous, principalement à cause de la morphine à hautes doses et de tous les médicaments antidouleur que l'on m'administrait. Ce n'est que le troisième jour que j'ai vraiment repris connaissance. J'étais dans un dortoir d'hôpital. Mon lit était juste à côté du poste infirmier, car j'avais encore besoin de beaucoup d'attention. Des fragments de conversations entendues me revenaient. J'étais dans cet état de conscience où l'on est éveillé mais sans force pour soulever ses paupières. Mon bras était relié à une machine qui propulsait différents liquides dans mes veines – des antiviraux et des antibiotiques –, ai-je appris plus tard. Qui eût cru qu'être gravement malade vous donnait l'impression d'être à la fois une fondue et un marshmallow ?

Je me rappelle que les médecins s'inquiétaient pour mon cerveau. Quand ma mère est arrivée, avec une infirmière elles m'ont expliqué que l'on craignait que j'aie attrapé une méningo-encéphalite, à la suite d'une piqûre de tique. Cette infection virale très rare peut être fatale. Encéphalite veut dire « gonflement du cerveau ».

On ne m'en a pas dit beaucoup plus, sinon que les médecins estimaient être intervenus à temps. Par chance, le pire était derrière moi. Wil a quitté le Norfolk pour venir me rejoindre. Mon frère Jake était là aussi, silencieux, mais il faut parfois accepter que, par sa présence, il soit mille fois plus loquace que des mots.

Je n'étais pas vraiment consciente, et j'ai mis du temps à réaliser. Maman m'expliquait tout par bribes, chaque fois que j'émergeais du sommeil. Mais dès que je restais éveillée trop longtemps, de terribles questions se mettaient à tourner en boucle dans ma tête : je vais rester comme ça toute ma vie ? Est-ce que ça ira mieux demain ? Qu'est-ce qu'il va se passer ? Est-ce que ça risque d'empirer ? Je n'avais pas les réponses, et les médecins non plus. Je me souviens d'avoir demandé à ma mère si j'allais mourir, cette première nuit. Elle m'a répondu que non, et aujourd'hui je me rends compte que ce non signifiait : « Tu survivras, même s'il faut pour cela que je te donne tous mes organes jusqu'au dernier. »

Il y avait tellement de choses à intégrer. Les gens ne cessaient de répéter des mots effrayants comme « infection du cerveau » et « ponction lombaire » ; j'en avais subi une à mon arrivée pour réduire la pression dans mon cerveau. J'étais constamment entourée d'infirmières, et le fait d'être sous morphine me faisait craindre quelque chose de grave. J'étais complètement perdue, complètement terrorisée.

Cette nuit-là, j'ai été réveillée par un médecin qui me grattait le pied avec l'extrémité d'un stylo. Il ne s'agissait pas d'une étrange forme de torture, mais d'un test médical que j'ai fini par bien connaître : il vérifiait ce que j'étais capable de sentir. Du côté gauche tout allait bien, mais du côté droit, je ne sentais plus rien. Le médecin a voulu me lever pour effectuer d'autres tests neurologiques, mais je ne tenais pas debout. On murmurait que l'infection avait pu entraîner un AIT*, comme un mini AVC. C'était de plus en plus inquiétant. Pour éviter de m'effrayer encore plus, le docteur m'a laissée dormir, tout en me prévenant qu'il reviendrait me voir le lendemain matin. Allongée sur le dos, complètement paniquée, je me suis pincé et cogné le bras droit jusqu'à ce qu'il soit couvert de marques rouges. J'espérais me faire mal, vraiment mal, pour me prouver que tout ça n'était que mon imagination. Mais mes coups ne me faisaient aucun mal. Je ne sentais absolument rien.

De la main gauche, j'ai attrapé un carnet et un stylo posés sur la table de nuit, et j'ai essayé d'écrire de la main droite. J'en étais incapable. On aurait dit le gribouillis d'une gamine de 3 ans, pas l'écriture d'une adulte. Je sais qu'on utilise trop facilement l'expression « mon cœur a cessé de battre » mais, à cet instant, j'ai vraiment eu l'impression qu'il s'arrêtait et tombait dans mon estomac. Tout cela me semblait très injuste, et j'étais terrorisée. On se plaint toujours pour des choses sans importance, j'aurais bien voulu que celle-ci n'en ait aucune – mais c'était grave, en réalité. Je me répétais que ça pourrait être pire, que j'étais en vie, que j'aurais dû relativiser, mais il fallait bien voir les choses en face. Cette fois-ci,

---

* AIT : accident ischémique transitoire.

ce n'était pas en m'acharnant à voir le bon côté des choses que j'allais m'en tirer. À cet instant, le monde extérieur pouvait bien s'écrouler. Mon monde à moi, celui que j'avais construit avec tant de soin après plusieurs années difficiles, mon univers venait de disparaître. Et j'étais seule.

Non, pas si seule que ça. L'hôpital était plein de monde, des dizaines d'inconnus qui pour la plupart avaient tout aussi peur que moi. Il était 2 heures du matin, et je m'identifiais complètement à un homme à l'autre bout de la salle, persuadé d'être en prison ; toute la nuit, il n'a cessé d'appeler les infirmières, comme pour dire : « Vous n'avez pas intérêt à m'oublier ! » Moi aussi j'avais peur de disparaître, quand l'infirmière est arrivée. Je l'avais déjà remarquée quand maman était là. Elle était grande, plutôt ronde, avec un chignon gris et des tatouages sur le poignet, ce à quoi je me suis accrochée comme si nous étions sœurs de cœur. Je devais avoir l'air désespérée, car elle a approché une chaise de mon lit et s'y est assise sans rien dire. Tranquillement, elle a attendu pendant que je pleurais. Elle ne disait rien, elle restait juste là sur sa chaise avec moi pendant que je sanglotais ; c'était exactement ce dont j'avais besoin. Ensuite, elle m'a embrassée sur le front, exactement comme maman, et grâce à ça je me suis endormie.

Le lendemain, quand je me suis réveillée, mon lit était entouré de médecins. J'avais failli mourir et ma situation était très préoccupante, mais la première pensée qui me vint à l'esprit fut : « Je ne me suis pas lavée depuis quatre jours. » S'ils veulent refaire le test du pied, je refuse ou je meurs de honte. La terreur s'est emparée de moi, comme à 6 ans quand j'avais eu trop peur de ma méchante maîtresse pour oser demander à aller aux toilettes, et que j'avais fait pipi partout sur la moquette. Mais les médecins ont refait le test sans aucune remarque déplacée, même si ma mère a quand même déclaré à un moment que mes pieds sentaient comme ceux du chien. Tous les médecins s'accordaient à dire que j'avais dû faire un mini-AVC, autrement dit un AIT, deux jours après le début de ma maladie. L'AIT se produit quand un minuscule caillot empêche le sang d'irriguer une partie du cerveau, ainsi privé d'oxygène pendant quelques minutes. On s'en remet rapidement, mais cela peut provoquer une paralysie temporaire d'un côté du corps. Je n'étais pas rassurée. Les attaques, on en fait quand on est vieux, pas à 23 ans !

Au bout d'un certain temps, la sensation a commencé à revenir lentement du côté droit, mais ce n'était pas comme avant. J'ai passé quinze jours dans cette salle, à l'hôpital de Solihull. J'y étais souvent venue : c'est là que je suis née, que j'ai été opérée de l'appendicite, et j'y suis retournée à de nombreuses reprises pendant ma boulimie. Je reconnaissais cette odeur typique de désinfectant et de nourriture trop cuite. Mais jamais je n'y étais demeurée si longtemps. Quelques jours plus tard, lorsque j'ai commencé à y voir plus clair, les dames en face de moi m'ont avoué qu'à mon arrivée elles pensaient que je ne passerais pas la nuit. J'imagine que je faisais peur à voir, inconsciente, avec tous ces tuyaux dans le bras.

Quand les effets des antidouleurs se sont atténués, j'ai eu l'impression qu'on m'avait roulé dessus en voiture. Mon corps ne m'appartenait plus, et chaque fois que j'essayais de m'en servir, je réalisais qu'il ne fonctionnait pas correctement. J'avais constamment mal à la tête, une douleur vive, épuisante. Quand je me réveillais le matin, mon petit déjeuner était posé sur la table de nuit ; je tendais la main droite pour attraper la cuiller, mais comme je n'avais plus de sensibilité dans la main, elle tombait. Je la voyais, cette cuiller, je savais qu'elle était dans ma main, mais je ne me rendais plus compte de son poids ou de sa taille, et rapidement elle m'échappait. Je devais boire mon thé froid, au cas où je l'aurais renversé sur moi. Et j'étais toujours incapable de tenir un crayon. Ça, ça me rendait vraiment folle, alors les infirmières se sont mises à cacher les stylos. Je sais bien qu'elles le faisaient par gentillesse, mais ça me contrariait et ça me stressait terriblement. Mon bras était comme engourdi, anesthésié, prêt à ce qu'un docteur y plante une énorme seringue ; il n'était pas complètement mort, je pouvais ressentir un certain degré de pression, mais cela n'avait rien à voir avec des sensations normales.

Les infirmières étaient toutes fantastiques. Elles s'asseyaient auprès de moi et me parlaient de leurs familles, de leurs petits amis, de tout ce à quoi elles pouvaient penser pour que je garde le sourire. Janet, la chef de service, était l'une de mes préférées. Grâce à elle, j'ai compris à quel point il est important de savoir appeler à l'aide, et j'ai réussi à admettre que ce n'est pas un signe de faiblesse. J'ai toujours mené mes combats seule, et j'avais beaucoup de mal à accepter d'être en demande. Nous sommes nombreux à penser que nous ne méritons pas d'être soutenus, moi la première, mais c'est faux. Tout le monde mérite d'être aidé, surtout quand on est souffrant. Il ne faut pas avoir peur de demander – nous sommes tous vulnérables à un moment donné. Janet me disait : « Jodi, tu n'es pas là pour le plaisir. Laisse-nous t'aider. Nous sommes là pour ça. » Elle me l'a dit et redit jusqu'à ce que je comprenne. Elle savait que j'essayais de faire bonne figure devant tous mes visiteurs pour éviter qu'ils ne s'inquiètent, mais ces visites m'épuisaient et me laissaient très affaiblie. Un jour, pour me prouver que j'avais besoin d'aide, Janet m'a demandé de marcher jusqu'à elle. Pas très loin, elle n'était pas cruelle, mais j'ai réalisé que j'avais désormais besoin des infirmières pour me déplacer, et pour faire tout ce qui autrefois m'avait paru si simple.

Le gros problème, c'était de marcher. J'étais Bambi sur le lac gelé. Ma jambe droite et mon cerveau ne parvenaient plus vraiment à communiquer. Obstinée, je tentais de me traîner à travers le dortoir en m'agrippant aux meubles. J'arrivais, quoique vacillante, à me déplacer d'un point fixe à un autre en m'accrochant à ce que je pouvais de ma main valide. J'étais constamment sur le point de tomber, mais en aucun cas je n'aurais appelé à l'aide. Mon pas traînant était devenu si reconnaissable qu'il avait reçu un nom : « le Beyoncé », comme cette femme si forte et si indépendante, parce que je remuais le derrière en avançant. Janet criait : « Attention, Beyoncé s'est levée ! », et les infirmières se précipitaient pour m'accompagner aux toilettes ou ailleurs.

Il y avait un autre infirmier que j'aimais beaucoup. Il s'appelait Andrew. C'était un homme très sarcastique et nous nous moquions l'un de l'autre avec beaucoup de naturel, ce qui détendait l'atmosphère malgré ma situation. Je le revois parfois quand je retourne à l'hôpital pour des rendez-vous. Il n'a pas changé – une vraie teigne. Mais j'adore les gens qui ne prennent pas la vie trop au sérieux, qui saisissent ce qu'elle leur offre en essayant de faire au mieux. Nous savions bien tous les deux la gravité de ce qui m'arrivait, mais il me faisait rire et se payait ma tête, les jours où je pouvais le supporter.

J'étais dans le service de médecine générale, « l'unité de décision clinique », également connue sous le nom « d'unité d'indécision » – ce qui résume bien ma maladie. Il y avait toutes sortes de patients. J'étais la plus jeune du service, et je me suis prise d'amitié pour certaines patientes plus âgées qui s'occupaient de moi. C'était comme d'avoir plein de grands-mères à la fois, ce qui était très agréable, car la mienne n'était plus là depuis longtemps. Si j'avais eu leur âge, nous serions certainement devenues très amies ; quoi qu'il en soit, nous avons partagé beaucoup de rires et de plaisanteries. Chacune était pour l'autre un petit rayon de soleil dans l'univers inquiétant de l'hôpital. Malgré nos fragilités et nos différences, nous nous soutenions et nous réconfortions mutuellement. Lorsque je m'obstinais à tenter quelque chose d'interdit – sortir du lit ou tenir un crayon – l'une de ces dames avertissait les infirmières pour qu'elles me distraient. Et si les femmes de ménage laissaient la lumière du service allumée le matin, quelqu'un pensait toujours à l'éteindre pour protéger mes yeux devenus hypersensibles.

Brenda était à trois lits du mien. Cette toute petite dame donnait l'impression que les chaises de l'hôpital étaient faites pour des géants. Ses cheveux noirs et bouclés poussaient dru, à la verticale, son caractère était à l'avenant. Féroce, comique, très spirituelle, Brenda se mourait du cancer en toute discrétion. Plus souvent qu'à son tour elle oubliait d'attacher les tubes qu'elle devait relier à son nez. Elle n'avait pour seuls vices qu'une passion pour les thés aux fruits exotiques et un verre de brandy avant de se coucher. À l'hôpital, le brandy lui manquait. Lorsque je me lançais dans ma grande traversée du service, elle me demandait si j'allais danser et me grondait quand j'essayais de marcher toute seule. Elle me faisait rire et prétendait que c'était la nourriture d'hôpital qui la tuait au lieu du cancer. Brenda était une pile électrique, le genre de femme qui est le pilier d'une famille – ses nombreux visiteurs et tous les bonbons dans son tiroir en étaient la preuve. Malgré son tempérament de feu, Brenda savait aussi être calme et bienveillante, et me caressait la jambe d'un geste rassurant lorsqu'elle passait devant mon lit.

Dans le lit à côté du mien il y avait Margareth. C'était une vraie pipelette – exactement ce dont j'avais besoin. J'écoutais passionnément tout ce qu'elle avait à me raconter, car cela me changeait les idées. C'était une beauté à la Helen Mirren, les yeux scintillants et les cheveux au carré, d'un gris argenté que les filles de mon âge ne parviennent jamais à égaler malgré les teintures. Margareth avait un avis sur tout, ce qui agaçait parfois les infirmières mais me plaisait beaucoup. Elle me racontait sa rencontre avec Terry, son mari. Cela s'était passé dans un café, elle allait toujours au même bar avec ses amis pendant sa pause déjeuner. Un beau jour, Terry est entré. Elle a tout de suite su qu'il allait bouleverser sa vie. Pour elle c'était ça, l'amour : la fin d'un monde familier, et le début de quelque chose d'un tout petit peu plus merveilleux. J'aimais bien ses histoires romantiques, et lorsque j'ai rencontré Terry, j'ai enfin pu mettre un visage sur l'homme qu'elle me décrivait. Elle craignait qu'il ne s'en sorte pas sans elle ; à chaque visite, elle doutait un peu plus de ses capacités à se débrouiller seul et lui faisait remarquer qu'il ne s'était pas rasé, ou que sa chemise était mal boutonnée. Elle pensait davantage à lui qu'à elle-même. Margareth et Terry étaient amoureux comme mes grands-parents l'auraient été s'ils étaient restés en vie. J'espérais moi aussi vivre un pareil amour. Tels des adolescents, ils s'asseyaient face à face de chaque côté d'une table d'hôpital en se tenant la main, chacun buvant l'autre des yeux pour mieux mémoriser son visage jusqu'à la prochaine visite.

Margareth me défendait lorsque les médecins venaient faire leurs rondes. Elle se mettait en colère et leur intimait l'ordre de me guérir, sous prétexte que j'étais jeune, belle et que j'avais la vie devant moi. J'étais loin de me sentir belle, mais son soutien me faisait du bien. J'espérais ardemment que les médecins me tireraient d'affaire, tout cela était tellement effrayant. Le monde était clair à nouveau, mais ma tête me faisait encore beaucoup souffrir, et je ne sentais pas vraiment mon côté droit. Souvent, Margareth venait s'asseoir auprès de moi et me tenait la main jusqu'à ce que je m'endorme, comme une mère avec son enfant, même si la plupart du temps elle était branchée à une bouteille d'oxygène. Nous avons tous besoin qu'on nous touche pour guérir ; Brenda et Margareth le savaient.

Quand une personne âgée nous fait un compliment, ou une remarque sur notre caractère, nous avons tendance à la croire davantage que quelqu'un du même âge que nous, peut-être parce que la sagesse vient avec l'âge. Les personnes âgées connaissent les épreuves que la vie nous réserve parce qu'elles les ont traversées, elles savent ce qui compte vraiment. Pendant mes pires moments de faiblesse, Brenda me répétait que j'étais forte et que je m'en sortirais. Je la croyais, et cela m'a beaucoup aidée.

On peut avoir besoin de s'entendre dire qu'on est merveilleux pour faire taire le pessimisme et la peur. Parfois, quand quelqu'un ne se sent pas assez fort, il faut être solide à sa place. Il faut lui dire qu'il va y arriver, qu'il peut s'en sortir, parce que pour guérir il faut y croire aussi, il faut être optimiste et déterminé. Je ne pense pas que tout est dans la tête, je sais que la médecine et la chirurgie sont indispensables, mais je trouve que l'esprit aussi a son importance. Margareth et Brenda ont été solides à ma place.

Ma famille m'a énormément soutenue pendant mon séjour à l'hôpital. Ma mère n'est pas du genre à dire : « Ma pauvre chérie, ce n'est pas juste », ce n'est pas dans sa nature. Sa nature, c'est d'agir. Elle était là pour moi chaque jour, à chaque heure de visite. Elle s'est battue pour moi auprès des médecins, mais aussi en m'apportant des nouvelles du monde extérieur ou de la nourriture, des choses que j'aimais enfant, une pizza au pain pita avec du fromage et des tomates, par exemple. Ian et mon frère venaient aussi, et mes amis. Une de mes amies du pub, Katie, m'a même apporté un vrai repas du dimanche. On s'est installées dans le service – moi, ma mère et Katie – pour déguster un rôti aux légumes avec toutes sortes de garnitures, venu tout droit de la rôtisserie du pub.

Ma mère ne m'a pas laissée croire un instant que je ne m'en sortirais pas. Je suis certaine que chaque soir elle rentrait à la maison le cœur brisé, mais je pense aussi que cela la réconfortait de m'aider d'une manière pratique. Je savais que chacune de ses petites attentions était une preuve d'amour.

Octobre était là, et les médecins n'étaient toujours pas sûrs de ce qui m'était arrivé exactement, ni de mes chances de guérison. Moi, je ne pensais qu'à rentrer à la maison. Juste avant ma sortie, la kinésithérapeute est venue m'apporter un déambulateur. Elle m'a parlé sévèrement, comme si je faisais exprès de ne pas marcher, juste pour l'embêter. Je n'ai pas posé beaucoup de questions, je voulais rentrer chez moi et reprendre le cours de ma vie. Les médecins avaient prévenu ma mère : à la moindre aggravation, il fallait me ramener à l'hôpital aussitôt. Nous ne devions pas espérer de guérison miraculeuse. Ils estimaient que mon état s'améliorerait – jusqu'à quel point, personne ne le savait – et qu'au bout d'un moment je pourrais de nouveau écrire et marcher. Ils n'ont jamais précisé la longueur du « moment » en question. Bien plus tard, j'ai découvert qu'il faut parfois jusqu'à dix-huit mois pour se remettre d'une encéphalite. Je ne sais pas comment je m'en serais sortie si je l'avais su à l'époque. Pour moi, « au bout d'un moment » signifiait dans un mois ou deux, au maximum. J'ai fait mes adieux, et munie d'un grand sac d'antidouleurs, on m'a poussée dehors dans un fauteuil roulant.

C'était merveilleux de pouvoir enfin quitter l'hôpital et de sentir l'air frais sur mon visage. Les médecins, les infirmières ne me voulaient que du bien, et tout le monde avait été très gentil, mais j'avais quand même l'impression de sortir de prison. En revanche, j'étais bien incapable de me débrouiller toute seule. Très affaiblie, incapable de marcher sans aide, j'avais besoin d'une surveillance constante. Ma jambe droite n'avait pas encore récupéré toute sa sensibilité ; je n'avais pas les mêmes sensations des deux côtés. Tout ce que je faisais par automatisme auparavant – me doucher ou m'habiller par exemple – ne m'était plus possible sans assistance. C'était comme si un tout petit enfant avait pris le contrôle de mon corps.

Je suis revenue chez ma mère, et Wil est venu vivre avec nous pour m'aider. Il avait été fantastique pendant mon séjour à l'hôpital, vis-à-vis de moi mais aussi de maman. Chaque matin, à mon réveil, je trouvais un cadeau de lui au chevet de mon lit d'hôpital. Un cadeau fait à la main, pas un objet du commerce. Maman m'a raconté qu'il passait des heures assis dans ma chambre à les préparer pour me les apporter le lendemain. À partir d'une de mes chaussettes, il m'avait cousu un nounours tout souriant, avec des yeux en boutons. Toutes ces petites attentions avaient le don de me remonter le moral.

Nous nous sommes donc retrouvés chez ma mère, Wil et moi, à dormir par terre dans le salon, car la salle de bains était au rez-de-chaussée, et j'étais incapable de monter les escaliers. La maison n'avait pas beaucoup changé, mais la plupart de mes frères et sœur étaient partis ; il ne restait que maman, Ian, Jake et Danny. Plus question pour moi de baby-sitter les petits : à présent c'était moi dont tout le monde s'occupait. J'avais l'impression que ma vie repartait en marche arrière.

Wil et moi n'étions ensemble que depuis un mois quand je suis tombée malade, et notre relation s'était nouée à distance. Soudain, nous avons été projetés dans la vie à deux, et nous avons réalisé que nous ne nous connaissions pas si bien que ça. Nous n'avions passé que quelques jours ensemble tant que j'étais en bonne santé, et notre coup de foudre menaçait de partir en fumée. Avec le recul, je réalise que nous en étions encore à ce stade grisant et un peu bête où l'on se pose des questions du genre : « Entre avoir une énorme tête qui t'empêche de passer les portes, ou les bras en l'air tout le temps, tu choisis quoi ? » (Wil choisissait la grosse tête.) Mais d'autres questions restaient sans réponse : « Peux-tu m'aider à reconstruire ma vie ? Seras-tu là pour moi dans les mauvais moments comme dans les bons ? » Nous étions trop jeunes pour avoir anticipé ces questions. Mais tout à coup, elles se posaient. Et nous nous connaissions à peine, en réalité.

Juste avant de tomber malade, j'avais signé le bail pour la location d'une maison que je devais partager avec trois amis du travail. On s'était demandé si Wil viendrait y habiter avec nous, mais à présent que j'étais malade, cela devenait une nécessité. En novembre 2011, peu de temps après ma sortie de l'hôpital, Wil et moi avons quitté le salon de ma mère pour nous installer dans cette maison. J'étais encore très instable, et je passais la plupart de mon temps dans la chambre avec Wil. Je restais beaucoup au lit. Parfois je m'aventurais jusqu'au bout de la rue avec mon déambulateur ou dans mon fauteuil roulant, pour acheter de la nourriture ou des recharges de gaz et d'électricité. Je n'allais pas plus loin. C'était étouffant d'être confinés à deux dans cette chambre avec Wil. J'en arrivais à dépendre des visites de ma mère pour me sortir de cette pièce qui se transformait en cellule de prison. J'avais besoin d'air, même s'il ne s'agissait que de rester dans la voiture pendant qu'elle faisait les courses. Je voulais redevenir normale.

J'ai été très surprise à l'époque que Wil reste avec moi malgré ma maladie. J'éprouve beaucoup d'amour et de respect pour lui à cause de ça. Il aurait facilement pu arrêter les frais et me quitter, d'autant que notre histoire était une relation à distance. S'il était parti, ça m'aurait dégoûtée, mais j'aurais compris. C'était lourd à porter pour lui ; pourtant, il n'a jamais flanché. Il est resté solide, car il était intimement persuadé que j'allais guérir et qu'on allait se marier et avoir des enfants, pour mener enfin cette vie dont on avait rêvé. Plus j'allais mieux, plus je trouvais ça difficile à supporter. Je n'aimais pas cette existence-là. Était-ce ma vie avec Wil ou ma vie postencéphalite qui me déplaisait ? J'étais bien incapable de les différencier. Wil était là, planté au milieu de cette nouvelle existence, et j'avais l'impression de le laisser tomber, presque de le tromper sur la marchandise : tout cela n'était pas prévu au programme.

Je détestais qu'il me voie malade. Mes migraines étaient si violentes qu'elles me faisaient vomir, et c'était humiliant quand Wil devait m'emmener aux toilettes. Je voulais qu'il me trouve jolie, pas qu'il me tienne les cheveux en arrière et qu'il essuie mon vomi. J'avais recommencé à grossir à force de rester inactive, et même si c'était le dernier de mes problèmes, cela n'arrangeait pas l'image que j'avais de moi-même. De nouveau, je détestais mon corps. Je me souviens d'une nuit en particulier. Nous étions au lit, et Wil s'était endormi en me serrant dans ses bras. J'ai pleuré, pleuré, toute seule et en silence, parce que je savais que j'étais en train de le repousser, mais que ni lui ni moi ne pouvions rien y faire. J'étais déprimée, j'avais mal, je n'aimais plus mon corps ; la maladie m'affaiblissait et, conjuguée aux effets des médicaments, elle me privait de tout désir d'intimité. Wil ne me comprenait pas ; il croyait que je ne l'aimais plus. C'était normal, il avait simplement besoin qu'on le rassure ; mais parfois je n'avais même pas l'énergie de l'embrasser. Plus il tentait de se rapprocher de moi, plus je m'éloignais.

Je savais bien qu'il aurait remué ciel et terre pour moi, mais ce n'était pas ce que je voulais. Je voulais être normale. Rien de tout cela n'était normal, nous ne maîtrisions plus rien. Wil était dans une situation très difficile : il était venu vivre à Birmingham pour être avec moi, mais il n'y connaissait personne. Quand je m'échappais de notre chambre pour voir ma mère, il restait seul. J'essayais de lui présenter des gens, mais il n'avait pas l'air intéressé. J'avais l'impression d'étouffer, comme si je me noyais. Il n'était plus assez motivé pour fabriquer des objets, ni même pour s'habiller. J'avais l'impression d'avoir absorbé toute son énergie. Il y avait tant de vie et d'amour en nous lors de notre rencontre, nous avions donné le meilleur de nous-mêmes, et voilà que j'avais l'impression de l'avoir détruit, de lui avoir volé sa lumière. Était-ce ma faute ou à cause de la situation, quoi qu'il en soit la culpabilité était lourde à porter.

C'était comme si j'avais perdu mon identité. Je ne pouvais plus travailler, je parvenais à peine à mettre un pied dehors – et ça me rendait folle. J'étais farouchement indépendante, et voilà que tout à coup je ne pouvais plus rien faire sans Wil. Je me sentais coincée, redevable envers lui, mais j'ai commencé à le voir comme un obstacle qui m'empêchait de guérir et d'avancer. J'ai senti mon attitude envers lui se transformer. Je lui en voulais d'avoir tant besoin de lui, et chaque jour je devais me retenir pour ne pas le repousser.

Même à présent il arrive que ma maladie envahisse tout, bien que j'essaie de ne pas lui accorder trop d'espace. Wil n'aurait jamais admis qu'il n'en pouvait plus de me voir dans cet état, pourtant c'était le cas. Prendre soin d'un malade est épuisant d'un point de vue émotionnel. Personne ne demandait jamais à Wil comment il allait, tout tournait toujours autour de moi. Il ne se plaignait pas, mais je voyais bien qu'il était en train de perdre pied, lui aussi. Il avait besoin que quelqu'un lui dise : « T'en fais pas, tout ira bien », en vain. La maladie avait bouleversé d'autres vies que la mienne : celle de Wil, celles de ma famille, celle de ma mère surtout étaient sens dessus dessous. Wil s'est renfermé sur lui-même, il a perdu beaucoup de poids. Il avait quitté le Norfolk et tout abandonné pour devenir… quoi ? Mon petit ami ? Ou mon infirmier ? Il ne sortait jamais, il considérait que c'était de sa responsabilité exclusive que de me soigner. Il exigeait beaucoup trop de lui-même – problème courant chez les soignants. Il ne s'endormait qu'une fois que j'avais fermé les yeux. Physiquement, mentalement, s'occuper d'un malade est exténuant.

Aujourd'hui je sais que j'avais tort mais, à l'époque, sous l'effet de la douleur, de la colère et de la frustration, je me suis convaincue que tout le monde m'empêchait de guérir, Wil le premier. J'en suis arrivée à lui en vouloir énormément. Plus qu'un soutien, Wil était un poids. Nous avons commencé à nous disputer, et nous restions enfermés tous les deux pendant des heures, silencieux, dans cette petite chambre. Nous n'étions plus celui ou celle dont l'autre était tombé amoureux. Ce n'était pas notre faute… J'ai fini par aller vivre chez ma mère. J'ai dit à Wil que je n'étais pas heureuse, et que je ne voulais plus qu'on s'occupe de moi. Nous nous sommes disputés violemment, comme des gens qui n'ont plus rien à perdre. Je l'accusais de me contrôler, de me garder prisonnière, de me vouloir pour lui tout seul. Lui, il m'expliquait qu'il ne connaissait que cette maison et notre chambre, et qu'il se battait avec moi pour conquérir une indépendance à laquelle je n'étais pas prête. Nous avons crié, hurlé que ce n'est pas comme ça que les choses auraient dû se passer, mais nous n'y pouvions rien. Wil est rentré à Cromer. C'était fini. Les premiers jours je me suis sentie libérée – et puis seule, tellement seule.

J'avais vraiment cru que Wil et moi c'était pour toujours, mais sous la pression de ma maladie tout s'est arrêté. Rien qu'une sale petite morsure de tique – et non seulement je tombais du haut de la montagne, mais je continuais à dévaler la pente et là, je m'étais carrément écrasée dans le fossé.

Cher Wil,
Cette lettre, je te l'ai écrite tant de fois. Je ne sais jamais trop quoi y mettre – mais pendant un moment j'ai eu l'impression que nous ne nous étions pas tout dit, toi et moi. J'essayais de te trouver une explication pour cette situation dont ni toi ni moi n'avions le contrôle. Je pense parfois que je te la dois, cette explication. Tu mérites quelque chose, pour tout ce que tu as traversé. Je ne veux pas avoir l'air condescendante et j'espère que ce n'est pas ce que tu ressens. Ce que je veux dire, c'est que si je trouvais un moyen d'orchestrer les choses, de faire tourner les planètes en ta faveur pour que tu aies la plus belle vie du monde, je le ferais. Je pourrais emplir ton univers de mots de remerciements, cela n'exprimerait pas toute la gratitude que j'éprouve envers toi pour m'avoir soutenue pendant ces jours si sombres.
Tu m'as appris à rire de moi-même pour de vrai. Je m'étais toujours moquée de moi-même, mais c'était en rougissant des pieds à la tête. Merci d'avoir agrafé mon soutien-gorge à l'envers les jours où je n'avais pas la force de le mettre. Merci d'avoir dansé avec moi quand ma démarche ressemblait à celle d'un ivrogne qui danse le cha-cha-cha. Les jours où je m'écroulais dans le salon de maman, convaincue que ça ne valait même pas la peine d'essayer de marcher, tu étais mes jambes, mes bras, mon optimisme et mon énergie. Tu me faisais confiance de

tout ton être, et moi, j'avais l'impression de ne rien avoir à donner. J'étais comme l'ombre d'une fille que j'aurais connue autrefois. Je me réveillais aux côtés d'un homme que j'aimais sans avoir eu le temps d'apprendre à le connaître, et seconde après seconde je me sentais disparaître. Enfermés toute la journée dans notre chambre, les instants de silence sont devenus des heures.

Quand j'ai commencé à aller un peu mieux, je me suis agrippée à chaque millimètre d'indépendance. Je voulais m'échapper de cette chambre, avec ou sans toi, plus rien d'autre ne comptait à mes yeux. Je voulais désespérément redevenir normale. Il n'y avait plus assez d'air pour nous deux dans cette pièce. J'en suis tellement désolée. Je crois que nous laissons de petits bouts de notre cœur auprès de ceux que nous aimons, et je suis certaine qu'il reste un morceau du mien dans le sable de Cromer.

Je te souhaite tout le bonheur du monde.

Jodi

X

CHAPITRE 5

JE NE SAIS PLUS QUI JE SUIS

Pour Maman et Jake,

Maman, quand j'étais petite, je te dessinais sur le bras en reliant les points, d'une tache de rousseur à l'autre, comme un puzzle géant. Je me souviens que j'étais toute petite quand j'ai décidé que je voulais en avoir autant que toi. À 11 ans, j'en étais couverte. Je les détestais, ces gros points marron sur ma peau, une peau dans laquelle j'étais si mal à l'aise à l'époque. Je ne souhaitais qu'une chose : m'en débarrasser. Je te revois, debout dans l'entrée, tu m'as dit : « Tu es un vrai petit miracle, des pieds à la tête en passant par chacune de tes taches de rousseur, et tu ne seras jamais capable de t'apprécier à ta juste valeur. Laisse ça à ceux qui t'aiment. » Je me suis toujours sentie aimée. C'est grâce à toi, maman. Dans notre maison, à lui seul l'amour guérissait presque tout. Nous portons tous trois les cicatrices de nos batailles passées, mais l'armée que nous formons est invincible. On dit toujours : « Où se trouve le cœur, là est la maison », moi je dirais : « Où se trouve maman, là

est la maison. » En toutes circonstances et quel que soit le problème, tu as toujours été là pour nous. Tu nous as offert ton amour, ta patience et ton inépuisable gentillesse. Je parle pour nous deux quand je te dis que tu n'imagines pas à quel point nous t'en sommes reconnaissants.
Et toi Jake, si tu savais combien je suis fière de toi. Fière d'une manière spéciale, difficile à décrire – c'est compliqué. Nous ne sommes pas simples, toi et moi, mais je t'aime, toi et ton caractère tarabiscoté. Tu m'impressionnes autant que tu me terrifies. Parfois j'admire tellement ce que tu fais que je voudrais crier ton nom sur tous les toits, parfois – et tout aussi souvent – tu m'agaces tellement que je rêverais de te donner une bonne gifle. Tu vaux tellement plus que tu ne le penses.
On est une équipe !
Vous n'imaginez même pas à quel point vous êtes géniaux.
Merci pour tout ce que vous faites.
Je vous aimerai toujours.
Jodi xx

C'est difficile de demander, une fois adulte. C'est dur de dépendre des autres. Nous aimerions tous être de petits cactus, des plantes bien coriaces qui n'ont besoin de rien – à peine quelques gouttes d'eau de temps en temps. Des cactus, indépendants, capables de se protéger du danger. Je voulais devenir un cactus. M'enraciner au sol et faire pousser mes piquants. Hélas, j'étais bien incapable de tenir debout assez longtemps pour m'enraciner où que ce soit. En guise de piquants, je n'avais que les poils de mes jambes non épilées. J'étais incapable d'accepter ce qui m'était arrivé, et ce sentiment d'impuissance était insupportable. C'était affreux de dépendre à ce point de la bonne volonté des autres. J'avais l'impression de m'être perdue, et j'étais très en colère. La maladie me frustrait énormément et je passais mon temps à m'écrouler, en larmes, dans les bras de maman.

Durant ces longs mois si pénibles du début de ma maladie, j'ai vécu comme une sorte de deuil. Le terme peut sembler exagéré, mais j'avais réellement le sentiment d'avoir perdu tout ce que je m'étais construit. Un exemple : après des années à lutter contre mon poids, à l'été 2011 j'avais enfin réussi à perdre 19 kilos ; grâce à une nourriture saine, à mes deux boulots et à mon incessante activité, j'avais finalement atteint mon poids de santé. J'étais fière de moi. Mon corps me plaisait, pour la première fois depuis des années. Et puis je suis tombée malade. À l'hôpital, inconsciente puis incapable de me déplacer ou de remuer un peu, j'ai beaucoup regrossi. Je ne me sentais plus belle du tout. Je ressemblais à un zombie pendant ma maladie, et j'avais l'impression d'en être un. J'avais autant d'énergie qu'un singe paresseux à la gueule de bois. En plus, je venais de rompre avec l'homme que je croyais être l'amour de ma vie. J'étais sombre, morose, comme si la lumière s'était éteinte en moi.

Avec le recul, je réalise que ces sentiments étaient normaux au vu de tout ce qui venait de m'arriver, mais quand on traverse une mauvaise passe on n'en voit pas la fin. On s'en sort, pourtant, mais c'est difficile d'y croire sur le moment.

Je n'étais pas en mesure de travailler, mais j'étais suffisamment têtue pour essayer quand même. J'ai demandé à mes deux patrons, au pub et à la boutique de jeans, l'autorisation de revenir la semaine suivante (ce dont j'étais totalement incapable, puisque sans même parler de travailler, je ne pouvais pas marcher ; je n'aurais même pas pu me rendre à mon travail). Heureusement, ils ont tous deux répondu : « Pas question ! » C'était dur de réaliser à quel point mon activité comptait pour moi. Je ne pouvais plus me débrouiller seule, pour tout un tas de choses auxquelles je n'aurais jamais pensé. Tout le monde est capable d'ouvrir la porte et de sortir sans aide, c'est naturel – mais pas moi. Prisonnière de mon corps, je n'avais plus aucune liberté. Un jour, j'ai essayé de m'habiller en téléphonant – j'étais complètement multitâche avant ma maladie. Mais je me suis retrouvée allongée par terre, mon soutien-gorge à moitié attaché, emberlificotée dans une jambe de pantalon. Maman m'a découverte comme ça, en larmes, peu de temps après.

Semaine après semaine, tous les jours se ressemblaient. Plus d'une fois, à mon réveil, j'ai souhaité avoir rêvé, j'ai espéré que tout ceci n'était pas vrai. Mais chaque matin je retrouvais mon inquiétude pour la suite, pour mon avenir. Est-ce que je guérirais un jour ? Ces maux de tête dureraient-ils toute ma vie ? Serais-je un jour de nouveau capable d'écrire, de marcher ? Comment subvenir à mes besoins ? Comment gagner de l'argent si je ne pouvais plus travailler ? Est-ce qu'un jour je retomberais amoureuse ? Pourrais-je entamer une nouvelle relation ? Qui voudrait d'une infirme comme moi ? Et les enfants ? Étais-je encore capable d'en avoir ? Toute cette incertitude, toutes ces angoisses m'épuisaient, et j'avais beaucoup de mal à ne plus y penser. Du temps de la boulimie ou des chagrins d'amour, je parvenais à me convaincre que ça ne durerait pas, que la situation s'arrangerait, qu'avec le temps la douleur s'effacerait. Peu à peu je finissais par y croire et les choses évoluaient. Cette fois c'était différent, car je n'avais absolument aucun contrôle sur ma maladie. Il fallait que j'invente une nouvelle façon de vivre, que je réduise mes attentes ou que je les modifie.

Ma famille a fait tout ce qu'elle pouvait. Jake m'aidait à monter les escaliers et les descendait sur le derrière avec moi. Ma mère avait eu cette idée après que je me fus ouvert la lèvre, un matin où, prise de courage, j'avais tenté de descendre toute seule. Jake ou maman s'asseyaient devant moi dans l'escalier, j'enroulais mes jambes autour de leur torse, et nous descendions comme ça marche par marche, cahin-caha. C'était un de nos jeux d'enfants et ça nous faisait beaucoup rire. L'espace d'un instant nous étions projetés à une époque plus douce, quand la maison était notre terrain de jeu et qu'une bonne descente d'escalier sur les fesses en faisant boum boum boum suffisait à notre bonheur. Il faut les prendre à la légère, ces petits obstacles du quotidien, sinon les vrais problèmes semblent trop lourds. Ma famille a toujours été douée pour transformer les drames en comédies. On me laissait rarement seule et cela valait mieux, car j'essayais toujours de faire les choses par moi-même et je finissais par me blesser ; ou bien je réfléchissais trop, et c'était tout aussi destructeur.

Il était urgent pour moi de retrouver une vie normale, mais il me fallut attendre deux mois et demi avant ma première séance de kinésithérapie. C'était la première fois que je retournais à l'hôpital depuis ma sortie et je leur en voulais. Deux mois et demi, c'était trop long, je n'avais plus envie d'y aller. Je suis arrivée l'air hautain, avec le sentiment d'avoir dû me débrouiller toute seule, et l'idée que l'hôpital m'avait laissée tomber. La kiné rencontrée avant de partir ne m'avait servi à rien.

Ma nouvelle kiné était une femme rondelette, aux cheveux très courts et bouclés. Elle était beaucoup plus aimable que la précédente, mais très maîtresse d'école. Elle ne me parlait pas en adulte, mais comme à une enfant. D'un ton protecteur, elle me répétait : « Oh, ça va aller », alors qu'elle voyait bien que non, ça n'allait pas du tout, et que de toute évidence ça n'irait plus jamais.

Les séances avaient lieu dans une pièce aménagée comme une salle de gym très basique. On y trouvait des barres parallèles, auxquelles je devais m'accrocher pour marcher le long de la pièce. J'ai refait les tests neurologiques pour la millième fois – je les connaissais par cœur. D'abord, il faut lever les bras face à soi, au niveau de la tête. Si le bras droit penche, cela veut dire que votre cerveau gauche est plus faible, et inversement. Mon bras droit manquait de force. Ensuite, allongé, vous levez les jambes en l'air, et le médecin vous demande de pousser sa main avec le pied pour savoir quel côté est le moins fort – la jambe droite, pour moi. Puis on teste tous vos réflexes pour vérifier que votre cerveau répond correctement, ce qui était mon cas. Enfin, il faut suivre un doigt, se toucher le nez puis toucher le doigt du médecin. Ça, j'y arrivais.

La kiné m'a expliqué qu'il fallait que j'entraîne mon cerveau à réapprendre à marcher. Elle a fait bouger ma tête de haut en bas et de droite à gauche, et j'ai eu mal aux jambes. Une sensation étrange, peut-être parce qu'à force de me tenir de travers je tirais sur les muscles de ma jambe. Je lui ai expliqué que malgré mes maux de tête permanents, je devais reprendre mon travail. Avec un petit rire, elle a murmuré : « Pour ça, il y a le temps. » Mauvaise réponse. J'avais besoin de m'accrocher à quelque chose, de me reconstruire, j'avais besoin d'encouragements. Sans réponse, sans indication de temps, je n'avais rien à espérer. Elle me disait que ça finirait par s'arranger, mais moi je voulais guérir tout de suite.

Il fallait absolument que je puisse marcher, et j'ai réalisé que j'allais devoir réapprendre toute seule. Attendre que les choses se produisent ne sert à rien : il faut les provoquer ; personne n'allait réapprendre à ma place. Être têtue est une qualité, parfois : tous les jours je me fixais un but, un petit challenge, et je travaillais dur pour l'atteindre. En revanche, chaque fois que j'essayais de soulever des montagnes, je m'écroulais. J'ai vite compris qu'il fallait progresser par étapes pour éviter les déceptions. Certains jours, parvenir à ouvrir les yeux ou à sortir de mon lit ont été de plus grandes victoires que de franchir l'Everest. Seule dans ma chambre, je traversais la pièce plusieurs fois puis j'en faisais le tour, parvenant lentement à répartir mon poids sur chaque jambe jusqu'à ce que je me sente sûre de moi. C'était un peu comme apprendre à faire du patin à roulettes. Ma chambre d'enfant était grande comme une boîte d'allumettes, mais c'était suffisant ; dans un espace plus vaste je me serais écroulée. Je savais qu'en bas, au rez-de-chaussée, ma pauvre maman guettait le bruit de mes chutes. Elle montait régulièrement vérifier où j'en étais, mais pour le reste elle me laissait tranquille ; elle savait que ma chambre était trop petite pour que je risque grand-chose.

Ma jambe droite manquait toujours de sensibilité. Pour éviter de tomber, je devais me concentrer et la surveiller. Ma jambe gauche était normale, capable d'évaluer mon poids et de soutenir mon corps. Mais la droite n'y parvenait pas : elle vacillait, et je tombais. J'ai appris à observer ma jambe en la remuant, à me concentrer sur elle ; lentement, la sensation est revenue, et j'ai réappris à le faire instinctivement. Je regardais des clips de Beyoncé en boucle, espérant que mes jambes parviendraient à imiter les siennes – et à leur ressembler, tant qu'elles y étaient.

Quand je me suis sentie prête, j'ai décidé de faire une démonstration à ma mère. C'était mon heure de gloire, j'étais fière de mes efforts, fière d'y être arrivée. J'ai demandé à maman de me faire descendre l'escalier sur les fesses, puis je lui ai dit d'attendre dans le salon. Elle devait se demander ce que je tramais, mais elle a obéi. J'ai fait une entrée triomphale, sans déambulateur et sans aide – et immédiatement, j'ai trébuché sur une bouteille de sauce tomate que quelqu'un avait laissée par terre et je suis tombée. Je ne me suis pas fait mal, mais j'ai bien dû passer une heure à pleurer de colère et de déception, à gémir que je n'y arriverais jamais. Au bout d'un moment, j'ai séché mes larmes et nous nous sommes mises à rire. Nous étions submergées par toutes sortes d'émotions, mais je voyais quand même le bon côté des choses. J'étais parvenue à marcher toute seule, pas tout à fait comme Beyoncé, certes, mais sans cette stupide bouteille de sauce tomate je ne serais pas tombée. J'ai eu l'impression de franchir une étape, ce jour-là. Je savais qu'un jour je remarcherais, et cela me donnait la force de persévérer.

Ça n'a pas été sans mal. C'était inévitable, il fallait s'y attendre et ne pas se décourager – mais c'est plus facile à dire qu'à faire. Je craquais souvent pour des bêtises, pour de toutes petites choses. Ma mère appelle ça « les jours pince à linge » : un jour, quand nous étions petits, elle a renversé le panier de pinces à linge, qui se sont répandues partout par terre. À mon grand étonnement, elle en a pleuré toute la matinée. Qu'est-ce que ça pouvait faire si ma maman faisait tomber des pinces à linge par terre ? Ce n'était pas grave ! Ce qui était grave en revanche, c'est que ma grand-mère était morte quelques semaines plus tôt, et que ma mère essayait d'être forte pour nous ; la chute des pinces à linge était la goutte d'eau. Dans ma famille, un jour pince à linge, c'est quand un petit incident libère toute la tristesse, toutes les frustrations que l'on a pu emmagasiner. J'ai eu beaucoup de jours pince à linge à cette époque-là.

Pour ne rien arranger, on me jetait de drôles de regards quand je sortais dans la rue avec mon déambulateur. Un jour, maman m'a emmenée au Hare and Hounds voir mes amis et mon ancien patron. Quand j'en suis sortie avec le déambulateur, des types se sont moqués de moi. Je les ai entendus rire ; en levant les yeux, j'ai réalisé que je les connaissais. Je n'oublierai jamais la honte sur leur visage quand ils m'ont reconnue. Auraient-ils été aussi gênés si j'avais été une étrangère ? Je n'en sais rien, mais en réalisant que l'objet de leur mépris avait un visage familier, je crois qu'ils ont compris à quel point leurs moqueries étaient cruelles.

J'avais envie d'interpeller les gens, de leur dire : « J'étais comme vous il y a deux mois. Ça pourrait être vous à ma place, là, avec le déambulateur. » Mais plutôt que d'argumenter, je préférais m'imaginer en superhéros, en train de les détruire à coup de déambulateur – toutes ces douleurs, c'étaient mes superpouvoirs qui perçaient. Maman me disait de ne pas faire attention aux réactions des gens. « Ne te laisse pas abattre par ces emmerdeurs », répétait-elle, toujours prête à me remonter le moral. Mais à cause d'eux, j'ai cessé de sortir avec mon déambulateur. J'étais trop fière pour ça.

Ma famille et mes proches ont trouvé une solution, comme toujours. Mon frère Jake et quelques amis ont adapté une chanson spécialement pour mes déplacements, grâce à une star du R'n'B des années 1990, Beenie Man. « *Zim, Zimmer. Who's got the keys to my Beamer** ? » Nous la chantions partout et tout le temps, dès que je sortais, ce qui m'a beaucoup aidée. L'humour est le meilleur des médicaments. Il suffit parfois d'une chanson idiote braillée en chœur avec des amis pour que la vie vous semble moins dure.

Les personnes âgées étaient plus compréhensives que les jeunes, en général. Quand je « déambulais » autour du magasin Sainsbury's avec ma mère, les gens âgés m'encourageaient et me racontaient comment certains de leurs amis s'étaient retrouvés dans la même situation que moi. Avant notre séparation, Wil m'avait emmenée quelques jours au bord de la mer à Cromer pour me changer les idées. Il m'avait poussée le long des collines dans mon fauteuil roulant. Près du centre-ville, nous avions croisé un couple de personnes âgées, un homme qui poussait sa femme en fauteuil. Ils avaient hoché la tête en souriant, avec complicité, sans porter de jugement, sans avoir l'air de se demander ce que j'avais. C'est drôle, mais avant ma maladie je ne les aurais jamais remarqués.

Votre regard sur le monde se transforme lorsqu'il vous arrive quelque chose de grave. On remarque des choses qui autrefois seraient passées inaperçues. Je remarque les personnes âgées qui se cramponnent, à présent. Il y en a beau-

---

* Jeu de mots intraduisible : un déambulateur se dit *zimmer frame* en anglais. Littéralement : « Déamb, déambulateur. Qui a les clés de ma BMW ? »

coup. Elles vieillissent en prenant plaisir aux petites choses, un sourire qui passe, un rayon de soleil… Elles chérissent ce qu'elles ont sans en désirer davantage. J'ai appris à faire de même le plus souvent possible, à présent. J'essaie de vivre dans le moment, sans me soucier de ce que j'ai fait ou pas fait, ou de ce que je vais faire après. Profiter simplement de la vie, instant après instant.

Il y a de simples connaissances qui sont devenues des amis. Quand maman m'emmenait me faire couper les cheveux, les coiffeuses se montraient très gentilles avec moi, toujours prêtes à plaisanter et à me cajoler. Je n'avais jamais été très câline, mais c'était important à présent qu'on me prenne dans les bras, comme un moyen de combattre la solitude et de me sentir moins vulnérable. C'est fou : je ne crois pas avoir été seule un instant après ma sortie de l'hôpital, mais je me sentais quand même isolée. J'avais perdu le contact avec mon corps, avec moi-même. Avec le recul, je pense surtout que j'étais en dépression. J'y ai plongé comme dans un océan. Je m'étais construit une si jolie petite vie, et voilà que j'étais tombée dans le trou du jeu des serpents et des échelles. Retour à la case départ. Il fallait s'occuper de moi comme d'un bébé. Tout le monde se faisait du souci pour moi, et je ne pouvais absolument rien faire pour y remédier. Les circonstances m'obligeaient à me transformer, mais en quoi ? Je ne savais plus qui j'étais.

Je m'installais sur les balançoires du parc et j'y restais une heure. Cela peut sembler idiot mais se balancer, c'est comme se faire conduire en voiture : cela donne une impression de mouvement et de liberté, et j'oubliais que j'étais prisonnière, l'espace d'un instant. Je mourais d'envie de retrouver cette sensation de mouvement, cette faculté d'avancer sans effort dans l'air, sans avoir à réfléchir constamment à ce que mon corps était en train de faire – et à ce qu'il ne pouvait plus faire. Je voulais exister, c'est tout.

Il y avait des bons et des mauvais jours. Des jours où j'étais tellement faible que je ne pouvais pas marcher du tout, et ces jours-là me rendaient folle. Le truc, pour ne pas perdre courage, c'était de me répéter que ces contretemps étaient inévitables, qu'après les mauvais jours viendraient les bons, que tout ceci était normal. Maman me remettait sur les rails : elle me rappelait tout ce que j'avais déjà accompli et me rassurait : malgré les revers, je progressais, lentement mais sûrement.

C'était de plus en plus dur, mais il fallait bien continuer. Les gens me disaient : « Comme tu es courageuse » ou : « Je serais bien incapable d'en faire autant » ou : « Tu es tellement forte. » Je suis faible et forte à la fois. Tout le monde est pareil. Vous auriez fait la même chose que moi. Il le faut : on n'a pas le choix. Il faut bien continuer à mettre un pied devant l'autre, même si c'est avec un déambulateur. Fais comme si, chérie ! Même si parfois on part à reculons, au moins on est en mouvement. L'important est de ne jamais s'arrêter. Si on s'arrête, on a l'impression qu'on ne s'en sortira pas.

Mon cerveau a lentement réappris à communiquer avec ma jambe. Je suis beaucoup tombée, mais je m'arrangeais pour atterrir du côté droit ; ça faisait moins mal, puisque je n'avais pas récupéré toute ma sensibilité. Il faut voir les choses du bon côté ! Je crois que si j'ai mis aussi longtemps à réapprendre à marcher, c'est parce que les enjeux étaient énormes : tout mon avenir en dépendait, et notamment mon retour à une vie normale. Je me mettais une telle pression que cela me bloquait. Je suis certaine que j'aurais marché plus tôt si j'avais été moins stressée. En me relaxant, j'ai fini par réaliser que j'en étais capable, et dès que j'ai cessé d'avoir honte du déambulateur, j'ai commencé à faire des progrès.

Je n'ai jamais vu ma mère aussi heureuse que le jour où j'ai pu marcher jusqu'à elle toute seule et sans tomber. Apparemment, à neuf mois, après avoir passé une journée à quatre pattes et à reculons, je m'étais levée d'un seul coup et j'avais marché ; je n'avais pas froid aux yeux quand j'étais bébé. Je crois que j'avais appris plus facilement la première fois. Je n'ai pas encore d'enfants, alors je n'imagine pas ce que ça a pu être pour ma mère de me revoir comme ça, incapable d'avancer. Ils doivent être rares, les parents dont les enfants ont appris deux fois à marcher.

Maman en a tellement vu, elle a surmonté tant d'épreuves dans la vie, que son calme, son inébranlable gaieté ont été une source d'inspiration pour moi. Je trouve cela merveilleux qu'elle continue d'avancer, qu'elle n'abandonne jamais, et en cela j'essaie de l'imiter. Elle est mon roc. Lorsque je lui demande comment elle fait pour rester aussi solide, elle répond : « Il faut bien ! » D'une voix très forte ! Je crois que c'est d'elle que je tiens ma manière de faire face : on s'accroche, parce qu'il n'y a pas le choix.

Malheureusement, marcher n'était pas mon unique défi. Il fallait aussi réapprendre à écrire. Je repoussais le problème car il me faisait peur, mais le temps était venu de l'affronter. J'arrivais à communiquer grâce à mon ordinateur, mais je voulais aussi pouvoir me servir d'une feuille et d'un crayon. Je me souvenais très bien de la façon de faire ; le problème, c'est que ma main droite n'était pas capable de tenir le stylo correctement. Je ne pouvais pas non plus tenir une tasse sans la faire tomber. Comme je ne sentais pas bien les choses, je ne les tenais pas assez serré. Cela empirait quand j'y réfléchissais, et je m'énervais d'autant plus. Un vrai cercle vicieux. Les médecins m'avaient promis que la sensation reviendrait « en temps voulu », mais en temps voulu c'était trop long pour moi. Il fallait donc que j'essaie par moi-même. Je n'avais rien à perdre.

J'ai passé des heures à réfléchir au problème et à chercher une solution. La principale difficulté, c'était mon manque de sensibilité du côté droit. Je n'arrivais pas à écrire correctement de la main gauche, mais je reconnaissais la forme et le poids du stylo, et ma main le tenait correctement. Du côté droit, j'avais beaucoup moins de sensations, donc je tenais le stylo de travers et il finissait par tomber. Ce sont des choses que l'on apprend enfant. Observez un enfant d'1 an : il passe son temps à découvrir de quoi son corps est capable. Nous perdons l'habitude d'acquérir de nouvelles aptitudes physiques, une fois devenus adultes. Nous n'apprenons guère qu'à conduire, mais je n'en avais jamais eu les moyens. Je retournais à l'école maternelle, finalement.

J'ai trouvé la solution en m'inspirant de ce que ma mère raconte à propos de mon frère Jake. Il est dyspraxique, ce qui veut dire que son cerveau a du mal à donner des ordres à son corps. Il a des problèmes de mouvement et de coordination, et autrefois il se cognait beaucoup dans les meubles et faisait souvent tomber les objets. La plupart des gens n'ont pas de difficulté à se concentrer et à se mettre à écrire, une fois qu'ils savent le faire. Jake, lui, devait faire un effort spécial pour indiquer à son cerveau qu'il voulait écrire. Mon problème était très différent, mais les symptômes de Jake n'étaient pas si éloignés des miens, et cela m'a donné une idée. En suivant les instructions de Jake et de maman, j'ai appris à me concentrer sur ce que je voyais plutôt que sur mes sensations. Ce stylo, je le voyais, je savais ce que je pouvais en faire, et je m'intimais l'ordre de l'attraper, encore et encore, jusqu'à ce que je parvienne à le tenir correctement, sans prêter attention aux sensations de ma main – ces sensations qui étaient fausses, qui me mentaient. Je me concentrais plutôt sur la vue et je m'exerçais, d'abord avec la main gauche, puis avec la droite, jusqu'à ce que je parvienne à tenir le stylo. Ensuite, je me mettais à écrire. Je me disais que si j'apprenais à écrire à ma main gauche, peut-être qu'ensuite j'arriverais à apprendre à écrire à la droite. Et ça a marché !

L'expérience a duré six semaines environ. Parfois je me trompe encore, et je n'avais pas toujours les mêmes sensations à droite – cela dépendait des jours. Mais je m'entraînais encore et encore, je ne laissais pas un jour passer. Je ne me suis jamais laissée décourager par les revers ou par la peur du lendemain. Je faisais de mon mieux, chaque jour, en fonction de mes capacités.

Mes premiers mots furent : « Aujourd'hui j'ai recommencé à écrire, je suis tellement heureuse. » C'était vrai. J'étais folle de joie. Seul inconvénient : pas d'étoile d'or, pas de stylo spécial, pas d'instituteur pour inscrire mon nom au tableau noir. Écrire à nouveau devait suffire à ma gloire !

Le bon côté de tous ces efforts pour apprendre à écrire de la main gauche, c'est que j'étais à présent capable de me vernir les ongles sans bavure. J'avais appris à utiliser ma main gauche avec une grande précision ! Je sais que ça a l'air idiot, mais avant ma maladie j'étais incapable de me faire les ongles de la main droite avec la gauche sans m'en mettre partout.

À présent que j'étais la reine des ambidextres, je pouvais me vernir les ongles des deux mains pour la première fois ! Il n'y a pas de petites victoires !

Les gens atteints d'encéphalite passent souvent par un stade où leur état s'améliore avant de régresser, avec de nouveaux symptômes parfois pires que les anciens. C'est notamment le cas quand ils en font trop, ou quand ils essaient de hâter leur guérison. C'est ce qui m'est arrivé après cette première phase de la maladie.

J'avais retrouvé la mobilité, mais mes maux de tête persistaient ; les pires maux de tête de ma vie, même pendant une grippe, même après une gueule de bois. Comme si quelqu'un appuyait de toutes ses forces de chaque côté de ma tête pendant dix secondes avant de relâcher, puis de recommencer. Mais dans l'état où j'étais, plus rien ne pouvait m'arrêter. Dès que j'ai pu traverser le salon toute seule, je décidai de reprendre le travail la semaine d'après. Je me croyais capable de tout. Jusqu'à ce que ma mère me demande comment allait ma tête. Ma tête ? C'était une brique. Quand je la penchais en arrière, j'avais la sensation de faire des montagnes russes à l'envers, et je voyais parfois les choses comme à travers un kaléidoscope. Ma mémoire à court terme laissait fort à désirer, et j'étais presque incapable de me concentrer.

On me répétait de ne pas précipiter les choses, de ne pas chercher à courir avant de savoir marcher. Mais comme la fois où, enfant, j'avais appris à siffler, je voulais recommencer encore et encore, de peur de ne plus y arriver. Je craignais que mon cerveau n'oublie de nouveau comment faire certaines choses.

C'était extrêmement frustrant de ne jamais rien pouvoir prévoir – c'est toujours le cas, d'ailleurs. Je dois fréquemment annuler mes projets de la semaine, juste parce que mon corps en a décidé autrement. J'essayais de retrouver une vie normale, mais mes tentatives tournaient au cercle vicieux : j'en faisais trop, et chaque fois je retombais gravement malade. Je me suis souvent retrouvée aux urgences, et en général j'y passais la nuit, à attendre jusqu'à 5 heures du matin pendant qu'on me faisait subir des tests. On finissait par me renvoyer chez moi avec des antalgiques plus puissants, et un rendez-vous de suivi avec un médecin.

Les médecins estimaient que l'AIT, la miniattaque suscitée par l'encéphalite, était la cause de mes migraines et de ma paralysie, et que la seule chose à faire était de me reposer et de ne pas travailler. C'était dur : je suis incapable de rester tranquille. Plus rien n'était pareil depuis ma maladie, mais je tenais absolument à ce que tout rentre dans l'ordre le plus vite possible. En plus, chacun avait son mot à dire sur ce que je pouvais ou ne pouvais pas faire et, bien sûr, tout ce qui m'était interdit me faisait d'autant plus envie. J'ai donc commencé à me fabriquer un masque pour dissimuler ma maladie. J'avais déjà caché une douleur derrière un masque, c'est à cela que m'avait servi la boulimie – je savais le faire.

En février 2012, j'ai décidé que tout ceci avait assez duré, et qu'il était temps pour moi de retourner au travail. C'était loin d'être la meilleure idée de ma vie, mais qui ne tente rien n'a rien. J'allais travailler chez Levis et au pub dans un état épouvantable, je rentrais dormir et je repartais. Je me souviens de m'être aspergée d'eau sans relâche au-dessus de l'évier du lave-verres, un jour où j'étais de service, parce que je m'étais évanouie et que je ne voulais pas qu'on me renvoie chez moi. Chez moi, c'était l'endroit où j'avais le droit de me laisser aller et ça, je ne pouvais plus le supporter.

J'ai vite réalisé que ma décision allait se retourner contre moi sans pitié. Quand le week-end est arrivé, je n'en pouvais déjà plus et je me suis réveillée avec la pire migraine que j'aie eue depuis ma sortie de l'hôpital. La pression dans ma tête était insupportable et me faisait vomir. Maman m'a emmenée chez le docteur, où l'on m'a installée dans une pièce, au calme. Je me suis allongée par terre, il n'y avait rien d'autre à faire. Une secrétaire est entrée et a sursauté en me voyant, mais personne ne pouvait grand-chose pour moi. Deux semaines après la reprise du travail, j'étais de retour à l'hôpital. Épuisée, vaincue, j'ai appelé mes deux chefs pour démissionner.

J'étais prisonnière et je luttais contre mon propre corps. Les groupes me mettaient mal à l'aise – dès qu'il y avait beaucoup de monde à la maison j'étais prise de panique. Pas question d'être vue dans cet état. Je n'étais moi-même qu'avec maman, Jake et quelques rares amis. J'avais vraiment besoin de compagnie, mais je détestais voir arriver d'autres gens que ceux en qui j'avais confiance. Je faisais semblant de dormir pour éviter les sempiternelles questions :

— Comment vas-tu ?

— Mal.

— Ça va s'arranger.

— Hum.

Je fermais les yeux et je prétendais que je n'étais pas là.

J'arrivais à faire les courses avec ma mère, mais au bout d'un moment j'avais besoin de retourner m'asseoir dans la voiture. C'était ridicule, car j'aime bien les gens, j'aime être entourée. Mais la foule, la concentration et la mémoire étaient devenues mes ennemis.

Il m'était étrangement difficile de localiser la douleur avec précision. J'avais mal à la tête, évidemment, mais où dans la tête exactement, je n'en savais rien, et les médecins non plus. Les mois ont passé, ponctués d'assez longs séjours à l'hôpital, où à chaque ronde le médecin proposait un nouveau diagnostic inquiétant ou un énième traitement. Un matin, il était question de sclérose en plaques. Un autre jour, quelqu'un suggérait une opération du cerveau. Terrifiée, épuisée, perdue, je me noyais dans un océan de diagnostics différents. Non seulement je souffrais beaucoup, mais je n'avais aucune idée de ce qui allait m'arriver ou du temps qu'il me faudrait pour guérir – si je guérissais un jour. Pire encore, aucun des médecins ne semblait en avoir la moindre idée non plus. On n'avait rien détecté sur mes radios du cerveau – une bonne nouvelle, car cela prouvait que ma vie n'était pas en danger ; mais il n'y avait pas non plus de solution. Une maladie non identifiée n'est pas soignable. Un neurologue pensait que les maux de tête ne partiraient jamais, et que j'allais devoir apprendre à gérer la douleur à vie, à coups d'analgésiques, d'acupuncture, voire même de Botox. Ah, au moins j'éviterais les rides ! Et on me renvoyait chez moi avec un nouveau sac de comprimés, et la promesse d'un prochain rendez-vous. Retour à la case départ.

Je suis assez solide à présent pour admettre que je pleurais presque tout le temps. Je n'aime pas m'apitoyer sur mon sort et j'étais trop fière pour craquer devant des inconnus, mais avoir une longue maladie, c'est exténuant. C'est un vrai traumatisme. J'envisageais même d'appeler les renseignements pour pleurer devant quelqu'un d'autre pour changer – j'avais entendu dire qu'ils sont obligés de rester en ligne quelques minutes avant de raccrocher. Pas question de « voir quelqu'un », je ne voulais pas recevoir de conseils. J'avais juste besoin de pouvoir dire à quelqu'un que je craquais complètement, sans avoir honte de moi. J'étais loin d'être seule pourtant – ma famille, mes amis m'entouraient, mais malgré tout je me sentais isolée et j'avais besoin de parler de ce qui m'arrivait et de pleurer, encore et encore. Je ne connaissais personne qui ait affronté ce genre d'épreuve, personne qui puisse me comprendre.

Devant mes amis je conservais mon masque « tout va bien », car j'avais peur qu'ils ne m'abandonnent. J'essayais de regarder le bon côté des choses, de sortir voir du monde, mais à la dernière minute je m'écroulais et j'étais obligée d'annuler. Le résultat, c'est que je suis passée pour quelqu'un de peu fiable auprès de beaucoup de mes amis. Ils ne comprenaient pas que j'annule un rendez-vous alors que j'étais sortie avec eux la semaine précédente. Je devenais la fille sur qui on ne peut pas compter, simplement parce que je n'avais pas envie de leur avouer à quel point j'allais mal. Certains ont fini par déclarer forfait. Je ne répondais pas au téléphone, je refusais de prendre un café – j'étais trop faible. C'est devenu plus facile de ne pas se battre pour sauver des amitiés, même si cela m'isolait encore plus. Je me suis tout de même battue pour quelqu'un.

La vraie solitude, c'est de se disputer avec son meilleur ami. Non, on n'est jamais aussi seul qu'au milieu du Sahara, quand il ne vous reste qu'une goutte de Sprite et qu'on a un chameau capricieux. Mais la vraie solitude à l'époque, c'est le moment où j'ai dû faire face à une de mes meilleures amies, et me battre pour une amitié que je savais fragile. Les torts étaient partagés : je ne lui disais pas tout, elle n'était pas assez présente. Beaucoup de personnes de mon entourage passaient au second plan et j'arrivais à m'en remettre, car cela faisait moins de gens à décevoir. Mais pas elle, pas sans explications. Alors un jour, bourrée d'antidouleurs, je suis allée m'asseoir dans un bar bondé et j'ai attendu. Elle est venue, nous avons parlé, j'ai élevé la voix, ce qui ne m'arrive jamais – pas depuis que je suis adulte, sauf quand j'ai bu. Mais même au pied du mur, je n'ai pas réussi à lui dire à quel point c'était dur pour moi, à quel point j'avais besoin d'elle, et pourquoi j'étais incapable de retirer mon masque, oui, même pour elle. Après, nous nous sommes croisées quelquefois par hasard, nous avons échangé quelques messages, mais nos chemins se sont séparés. Ça m'a anéantie, et pendant longtemps.

Certains amis sont restés, ceux qui comprenaient – des amitiés qui se renforçaient au fur et à mesure des soirées télé débiles et des visites à l'hôpital, des amis qui acceptaient que je ne puisse pas prévoir de sortir ou non. Quand je m'en sentais capable, il fallait sauter sur l'occasion, parce qu'un bon moment était toujours rapidement suivi d'un mauvais. Ces amis-là ne se ressemblaient pas forcément – ils étaient tous d'âge, de sexe et d'origine différents – mais ces personnes précieuses, ces gens qui sont restés auprès de moi malgré tout avaient tous une chose en commun : un cœur d'or.

Lorsqu'on a la grippe, la varicelle ou une jambe cassée, on peut anticiper sans trop d'erreur le moment de la guérison, à quelques jours ou à quelques semaines près. Un médecin vous explique ce qui va se passer et combien de temps cela va durer, et en général il ne se trompe pas. Les choses sont parfois différentes avec l'encéphalite, et ce fut le cas pour moi. Lorsque je suis sortie de l'hôpital après la morsure de tique, les médecins m'ont avertie que les « maux de tête d'encéphalite » pouvaient durer plus d'un an. Je ne me rendais pas compte à quel point ils seraient douloureux.

J'avais récupéré la sensation dans ma jambe et dans mon bras, mais je développais de nouveaux symptômes alarmants. Il m'arrivait de ne rien voir du tout pendant les dix minutes qui suivaient mon réveil. Mon oreille droite avait un écho, comme si j'étais sous l'eau. J'allais chez ma mère pour ne pas rester seule, mais j'avais du mal à supporter son chaos. Sa maison, on dirait la station de métro New Street à Birmingham, un bazar à la fois ridicule et prodigieux : trois chiens, plus mon frère et ses amis, avec cette habitude agaçante qu'a Jake de téléphoner en mode haut-parleur au lieu de tenir le portable contre son oreille. Je voulais moi aussi faire partie de ce chaos quotidien. Je devais constamment me rappeler que j'avais survécu, que j'avais plein de raisons de vivre. J'ai beaucoup repensé à ces femmes merveilleuses rencontrées à l'hôpital, au tout début de ma maladie – notamment à Margaret qui avait tant pris soin de moi. Un mois après ma sortie de l'hôpital, son mari et sa fille m'ont prévenue par texto qu'elle était décédée. Ils m'ont dit qu'elle avait eu beaucoup d'estime pour moi et qu'elle croisait les doigts pour que je m'en sorte. Sa mort m'a fait beaucoup de peine.

Moi aussi j'aurais pu y rester, je savais que j'avais beaucoup de chance d'avoir survécu. Cependant j'aurais donné n'importe quoi pour retrouver mon ancienne vie, mes semaines de soixante heures et mes journées qui duraient jusqu'à 4 heures du matin. Le problème des longues maladies, c'est qu'on ne vous dit pas tout à la sortie de l'hôpital. On ne vous parle pas du sentiment de perte que vous allez éprouver : la perte de votre vie d'avant et de tous ces petits actes insignifiants du quotidien, ces gestes dont vous n'aviez même pas conscience et qui deviennent irréalisables. Je me sentais si seule. Tout cela m'épuisait, me vidait. Je craignais de ne pas avoir l'énergie de me reconstruire.

Parfois je me rebellais, décidée à ne pas laisser la maladie affecter ma vie quotidienne. Je suis même allée à un concert avec des copines, arrosé de sirop d'orange, voire même d'un citron pressé pour pimenter la soirée. Tout s'est bien passé jusqu'au retour en taxi, mais le temps d'arriver à la maison, mon sens de l'équilibre s'était évaporé et j'avais des nausées.

Ma tête me faisait souffrir en permanence, dès mon réveil, comme un coup sur la nuque. J'étais aveugle les dix ou quinze premières minutes, chancelante la première heure, et ça se reproduisait pendant la journée. Je prenais énormément de pilules et d'analgésiques, mais rien n'y faisait. Le moindre mouvement brusque me donnait envie de vomir, le bruit aussi. J'avais beaucoup de mal à me concentrer, j'oubliais des mots ou ce qui venait de se dire dans la conversation. Je n'avais jamais remarqué qu'écouter quelqu'un puisse prendre tant d'énergie. Souvent, au milieu d'une conversation, je me rendais compte que j'avais oublié le début. J'avais des bleus sans savoir pourquoi, comme si un ami imaginaire me battait pendant la nuit. J'étais épuisée, et la douleur me clouait au lit quatre ou cinq jours par semaine. À la caisse du supermarché, le bruit m'était presque intolérable : le bip-bip des codes-barres qu'on scannait me donnait envie de m'évanouir. Les klaxons, les sirènes, les basses des enceintes, les cris, regarder par la vitre de la voiture, du bus ou du train, tout ceci pouvait me faire perdre connaissance ou me donner la nausée.

Quand j'en avais la force, je sortais prendre un thé avec mes amis au Hare and Hounds, mais c'était dur, car je n'avais jamais rien de nouveau à leur dire. Je me maquillais et je me faufilais à l'intérieur. Quand on me demandait si j'allais mieux, je répondais oui. Était-ce la vérité ? Non. Je ne voulais pas les inquiéter. Je ne voulais pas être l'éternelle porteuse de mauvaises nouvelles.

Mais au fond de moi, j'en avais assez d'être malade. Parfois, j'avais envie d'avaler toutes les pilules du tiroir de ma table de chevet juste pour passer une bonne nuit – ou pour me libérer de tout cela. Ces jours-là, il me fallait trouver une raison de vivre, quelle qu'elle soit. Même s'il ne s'agissait que d'aller au bout de la rue prendre un thé, je le faisais, car sans cela la bataille était perdue d'avance – une bataille entre une migraine et un tiroir plein de médicaments.

CHAPITRE 6

QUAND ON EST AU BORD DU GOUFFRE ET QU'ON SE DIT : « CE SERAIT SI FACILE »

À Queen Treacs, princesse des chats,

Tu as traversé toutes ces épreuves avec moi, ma belle, alors je te pardonne pour la fois où tu n'as pas réussi à atteindre ta litière à temps et où tu t'es servie de mon lit. J'ai quelque chose à te dire, tout s'explique, tu vas voir. Le drame des Grammy Awards, notamment, quand tu as boudé et tourné le dos à l'écran toute la soirée alors qu'il y avait Ed Sheeran et Elton John que tu adores, normalement. Le fait que tu aies mis beaucoup de temps à t'habituer à ton nouveau collier avec les faux diamants. Les moments où tu t'excites contre les objets, avant de t'enfuir morte de honte parce qu'une vraie dame ne se comporte pas comme ça. Écoute-moi bien, Treacle. La première fois que je t'ai vue c'était en 2009, il y avait du soleil, et tu étais dans une boîte en carton que me tendait une vieille dame au tablier couvert de farine. Elle parlait très mal anglais. Je lui ai demandé si tu étais une fille ou un garçon, elle a répondu « fille », et je suis partie en te serrant contre moi. Notre aventure commençait.

Deux super nanas, jeunes et célibataires, prêtes à conquérir le monde. Tu t'appelles Treacle parce que j'ai réalisé que Mary J. Blige* était un peu lourd à porter. « Mary J. Blige ! Mary J. Blige ! Viens manger ! » Non. Va pour Treacle. Je t'emmenais partout avec moi. Tu adorais les sacs et je pouvais donc facilement te transporter en bus, en taxi ou au supermarché, comme ça tu découvrais le monde de manière agréable, avant d'être prête à l'explorer. Tu devenais de plus en plus audacieuse ; dès qu'on ouvrait la porte, tu essayais de te faufiler à l'extérieur. Alors je t'ai emmenée chez le vétérinaire, pour ton opération féminine. Pour que tu puisses partir à l'aventure sans être embêtée par de vilains garçons. Quand je suis revenue te chercher, le vétérinaire m'a affirmé que tu avais été « un courageux p'tit gars ». J'ai rectifié : tu n'étais pas un garçon. Mais il m'a montré tes accessoires masculins. C'était vrai, Treacle. Tu es née garçon. Mais jusqu'à ce jour tu avais été élevée comme une petite fille. Nous sommes rentrées à la maison, et je me suis dit qu'avec ce que tu venais de subir, un changement supplémentaire serait de trop. J'ai donc décidé de ne rien modifier. Tu avais déjà cette démarche provocante, et tu adorais qu'on te pomponne en toute occasion. Tu étais en train de

* Chanteuse, auteure, compositrice et productrice de R'n'B américaine.

devenir la diva des divas. La Beyoncé des chats. Je n'ai pas voulu gâcher ton plaisir de félin.

Les jours où je ne me sens pas bien, tu viens t'asseoir sur mon oreiller, ou sur ma tête si tu la trouves plus confortable. Souvent, quand je me réveille, tu es là à ronronner sur ma poitrine. Les sceptiques affirment que c'est pour réclamer à manger, mais moi je sais que c'est parce que je suis ta personne préférée.

Tu as été merveilleuse, Queen Treacs. Merci d'être aussi adorable. Si je pouvais t'offrir un million de Dreamies (ceux au fromage), je te jure, je le ferais.

Jodi

X

Je vais avoir l'air d'une folle. Même en l'écrivant, je suis consciente que c'est insensé. C'est uniquement parce que quand j'étais malade je passais des heures à regarder la télé, le genre de programmes qui passe en journée où on voit une femme épouser le mur de Berlin, ou bien des gens qui se déguisent en animaux pour aller folâtrer dans les bois. À haute dose, il y a de quoi vous rendre un peu dérangé.

Non, je n'ai pas dit ça – je ne dis pas que je voudrais épouser mon chat. Mais elle fait partie des choses que je préfère au monde. On dit (qui est ce « on », d'ailleurs ?) que chiens et chats savent quand vous êtes triste ou malade, et je le crois volontiers. Pendant toute ma maladie, Queen Treacs est restée à mes côtés. Oui, même quand je l'ai déguisée en citrouille pour Halloween, elle a patienté dix minutes avant de protester, ce qui était tout à fait admirable de sa part. Elle a un vrai sens de l'élégance et ne se laisse jamais ridiculiser.

Ces dix minutes, c'était sa façon de me dire : « O.K., O.K., rigole un peu, tu l'as bien mérité. » Et quand je l'ai habillée en elfe à Noël, elle m'a encore laissé dix minutes avant de me signaler qu'il était désormais hors de question que ce genre de chose se reproduise. Treacs est très tolérante envers moi. C'est aussi pour ça que je l'aime, et que je trouve que les animaux sont un excellent dérivatif quand on est malade. Ils ne vous jugent pas, ils supportent vos comportements étranges, et puis ils sont tellement agréables à câliner.

Le mérite n'en revient pas exclusivement à Treacs, mais au bout de près d'un an de séjours à l'hôpital, de tests et de médicaments, j'ai commencé à me sentir un peu mieux ; pas guérie, non, mais moins malade qu'avant. J'essayais de retrouver une vie normale, et avec mon amie Sarah nous avions décidé d'aller à une soirée quiz dans un pub du quartier, histoire de sortir un peu. Le pub était au bout de la rue, je pouvais facilement rentrer chez ma mère en cas de malaise soudain. En entrant, j'ai vu un homme derrière le comptoir. Caché derrière une masse de cheveux, il portait une chemise dans laquelle il flottait. Il n'était pas ouvertement beau gosse, mais son sourire était chaleureux et son regard très doux. J'ai remarqué tout cela de loin, sans vraiment y prêter attention. Ce n'était pas le genre de garçon qui me faisait craquer avant et, de toute façon, je ne cherchais personne.

Avec Sarah, nous nous sommes concentrées sur le quiz… et sur les différentes manières de tricher. L'homme derrière le bar était très amical, quelque chose me poussait à faire sa connaissance. Il avait l'air d'avoir des histoires à raconter – ce qui tombait bien car, justement, j'adore les histoires. J'ai demandé son nom à une serveuse, une fille que je connaissais ; il s'appelait Sam. Sam… J'ai toujours aimé ce prénom. Un peu plus tard, elle est venue me dire que Sam aussi lui avait demandé qui j'étais. Nous nous sommes jeté des regards furtifs toute la soirée, comme des enfants dans une cour de récré.

J'ai toujours été plutôt téméraire quand il s'agit de faire le premier pas. Les gens prennent ça pour de l'assurance, à tort, car cela provient plutôt d'un manque d'estime de soi. Quand on ne s'aime pas, le rejet des autres n'est rien comparé à la haine que l'on éprouve envers soi. C'est donc d'un pas décidé que je me suis dirigée vers le bar, où j'ai demandé à Sam de noter mon numéro et de m'envoyer un message dès la fin de son service. Ça l'a tellement étonné qu'il a renversé tout un verre de Jack Daniel's sur le comptoir. Par chance, il m'a effectivement envoyé un message.

Nous nous sommes vus le lendemain. Il m'a emmenée dans l'appartement qu'il partageait avec Foote, un Écossais adorable avec une grosse voix. Les murs étaient couverts de photos de légendes du jazz, le sol jonché de canettes de bière et de partitions. Ils étaient tous les deux musiciens. Sam avait étudié le jazz au conservatoire de Birmingham, il avait obtenu une mention très bien et jouait de la trompette dans plusieurs groupes avec passion. Mon amour pour la musique, nourri au berceau par ma mère et mes grands-parents, me rapprochait de ce garçon hirsute avec qui je sentais un vrai lien, et nous nous sommes beaucoup revus.

Sam m'a fait découvrir le jazz et la musique expérimentale. En échange, je lui ai apporté le hip-hop anglais, le grime et le R'n'B des années 1990. Musicalement, nous nous rejoignions autour des chanteurs-compositeurs : ces gens qui mettent leur âme à nu accompagnés d'une simple guitare avaient notre faveur. Nous échangions musique et histoires, en un perpétuel va-et-vient.

Lui et moi, c'était une évidence, dès le début. Séparés, on ne se manquait pas, mais ensemble tout était plus amusant. Pas question de nous engager trop vite ; nous sortions tous les deux d'une histoire sérieuse et nous ne voulions rien précipiter sous le coup d'une déception sentimentale. Défense d'éprouver des sentiments. Mais plus nous passions de temps ensemble, plus il était difficile de résister. Nous sommes tombés amoureux.

Sam est un merveilleux cuisinier. J'ai cependant découvert que ses prodigieuses préparations ne vont pas sans un désordre tout aussi prodigieux. Ce qui lui a valu le surnom de Sam la Tornade, parce que, après chaque repas qu'il prépare, la cuisine semble avoir été le terrain d'une catastrophe naturelle. Ses créations sont cependant tout à fait dignes du grand nettoyage qui leur succède. Une autre de ses caractéristiques : il fait partie de ces gens qui apprennent très vite. Il parlerait espagnol en un clin d'œil s'il décidait de s'y mettre. C'est quelqu'un de passionné, de très motivé dans la vie. Il a travaillé dur pour être aussi doué à la trompette, et il sait que c'est grâce à ces efforts qu'il a réussi. Il ne prend rien pour acquis, il est toujours prêt à apprendre et à découvrir.

Il fut très difficile de lui parler de ma maladie, mais je n'avais pas le choix. Et il a dû s'y habituer, lui aussi. Avec maman, nous avions inventé une façon à nous de gérer les problèmes que posait mon cerveau ; nous avions aussi développé un certain humour noir vis-à-vis de tout cela. Sam a plongé dans notre univers la tête la première. Il avait en sa faveur le fait de ne pas m'avoir connue avant, l'équilibre de notre relation n'a donc pas été bouleversé comme avec

Wil. Quand j'ai révélé à Sam mon encéphalite, son premier réflexe a été de chercher à résoudre le problème. Tout le monde fait pareil, c'est humain : nous cherchons tous à trouver des solutions. Sam était une véritable boule d'énergie, il ne cessait de répéter que tout allait s'arranger. Pour maman et moi, qui portions le fardeau de cette maladie depuis un an, l'éternel optimisme de Sam pouvait parfois être très agaçant.

Je l'ai repoussé au début, exactement comme avec Wil. Je n'étais pas prête à embarquer quelqu'un dans cette histoire. J'essayais de me renfermer sur moi-même en sa présence ou de le voir moins souvent. Ma mère a tout de suite compris mon manège et nous en a parlé à tous les deux. Sam me jurait qu'il était là pour de bon, que j'aurais beau essayer de me débarrasser de lui, il n'avait aucune intention de me quitter. Pourtant j'aurais compris qu'il le fasse. Je craignais que notre relation ne se termine de la même façon qu'avec Wil – je n'avais pas besoin d'un nouveau chagrin d'amour. Mais Sam était incroyable. Tout ce que la vie me faisait subir, il l'encaissait.

Il m'était parfois difficile de supporter son optimisme débordant vis-à-vis de ma maladie. J'avais cessé de compter sur une amélioration, et voilà que cet homme débarquait plein d'espoir – mais je refusais d'y croire. J'attendais depuis des mois une guérison définitive, sans qu'il se passe quoi que ce soit. Si Sam était si optimiste, c'était pour conjurer sa peur. La fille qu'il aimait était cassée, il ignorait comment la réparer, et positiver était le seul moyen pour lui de ne pas craquer. Il a mis trois ou quatre mois pour revenir sur terre et accepter qu'il ne pouvait rien y faire. Je ne voulais pas le décevoir, je ne voulais pas qu'il s'accroche à quelque chose qui risquait de ne jamais se produire.

En juillet 2012, peu de temps après notre rencontre, notre relation a été mise à rude épreuve. À la suite d'une modification de mon traitement, je me suis mise à avoir des attaques, jusqu'à vingt fois par jour. Je m'en prenais aux autres, je frappais à coups de pied, à coups de poing. Les crises étaient d'une violence extrême. Sous leur emprise, je devenais d'une force surhumaine, une énergie comme jamais je n'en avais eu auparavant – ni depuis. Je suis tout sauf violente, pourtant, et mes proches furent terriblement choqués. C'était effrayant. Sam et Sarah, avec qui je passais la plupart de mon temps, essayaient de me maintenir au sol pour éviter que je ne me blesse, mais je les repoussais, et en m'aidant de mes bras et de mes jambes, je finissais par les clouer au mur.

Quand Sam n'était pas là, je dormais avec ma mère, pour prévenir les crises nocturnes. Ian, Jake et maman devaient s'y mettre à trois pour me contrôler. Ian est épileptique, et maman utilisait une manœuvre avec lui qu'elle employait aussi sur moi. Quand Ian était enfant, sa mère savait que la fin de la crise approchait lorsque aux mots « brille, brille » il répondait « petite étoile* », comme dans la comptine. C'est devenu notre mot-clé à nous aussi. Maman me disait « brille, brille », et quand la crise s'estompait, je répondais « petite étoile ». J'étais de plus en plus malade, et mes nuits blanches se terminaient souvent à l'hôpital. J'étais bien consciente que mon corps se conduisait mal, mais je ne pouvais pas l'en empêcher. Je dormais extrêmement mal et j'étais épuisée.

J'ai subi de nombreux tests à l'hôpital. Tout le monde était inquiet : les médecins ignoraient ce qui déclenchait ces terribles attaques de violence, et certaines de leurs théories

* *Twinkle twinkle little star*, célèbre comptine anglaise.

étaient plus effrayantes encore que les crises. Les diagnostics succédaient aux diagnostics. Un médecin a même suggéré de m'ouvrir le crâne, juste au milieu du front, pour opérer mon cerveau. Il me l'a annoncé d'un ton détaché, comme si ce n'était rien du tout, en traçant du doigt une ligne sur son front pour me montrer où se ferait l'incision. Ce n'était pas rien pour moi. Je me revois en train d'expliquer à mes plus proches amis de l'époque que je risquais de subir une chirurgie du cerveau. Heureusement, les résultats des tests ont écarté cette possibilité. J'ai passé beaucoup de scanners pour vérifier que mon cerveau ne saignait pas. J'étais persuadée d'être en train de devenir folle. Un des médecins faisait une remarque qui laissait clairement entendre que j'allais mourir, et l'instant d'après ils mettaient mon état sur le compte de mes migraines ou de « la déprime ».

Je ne veux pas me montrer trop critique, il y a dans ce pays de très nombreux médecins et infirmiers pleins d'empathie qui font un travail formidable, mais j'ai souvent eu le sentiment que mes antécédents médicaux ne jouaient pas en ma faveur pendant ma maladie. Le fait que j'ai été boulimique empêchait parfois les médecins de prendre mes symptômes physiques au sérieux. Ils avaient tendance à penser que tout était dans la tête. Ce qui aurait été grave aussi, mais je craignais qu'ils passent à côté de causes physiques évidentes.

Cela n'est pas arrivé souvent, mais en quelques occasions certains médecins auraient eu besoin d'un petit rappel à l'ordre. Après une nuit de crises sévères, par exemple, je m'étais réveillée dans un service de l'hôpital de mon quartier. J'avais très envie de vomir. Je tremblais sans discontinuer depuis vingt-quatre heures, il était logique que j'aie un peu mal au cœur. L'infirmière qui m'apportait mon déjeuner avait oublié de me faire prendre un comprimé antinausées, et j'ai vomi. Elle a prévenu le docteur qui lui a répondu, à travers ma porte entrouverte : « Ne vous inquiétez pas, c'est une boulimique. Elle s'est fait vomir toute seule. » J'ai appelé ma mère, en larmes, et elle est immédiatement venue me chercher. Je n'avais pas la force d'argumenter – je ne l'ai jamais vraiment – mais si un jour je revois ce médecin je lui dirai son fait. Non seulement parce qu'il n'a vraiment rien compris, mais aussi parce que je ne suis pas boulimique. Je l'ai été, j'en ai souffert et je me suis battue pour en sortir – mais c'était il y a cinq ans. S'il avait pris le temps de lire mon dossier plus attentivement, il aurait vu que j'étais très malade, tout simplement.

Au bout d'un mois de crises, les médecins ont conclu que je souffrais « d'attaques non épileptiques », autrement dit, ils n'avaient aucune idée de ce qui m'arrivait, sinon que ce n'était pas de l'épilepsie. Par conséquent, personne ne pouvait rien y faire. Maman ne savait plus quoi inventer, et quand nous sommes rentrées ce jour-là, elle a entrepris de lire toutes les notices de tous mes médicaments. On m'avait prescrit beaucoup de traitements différents. Maman a remarqué que les effets secondaires d'un médicament que je prenais depuis peu incluaient ce genre de crises, et qu'il n'était pas forcément compatible avec mes autres traitements. Ça l'a rendue complètement folle ! J'ai arrêté de prendre ces comprimés-là, et après quatre mois de crises, elles ont enfin cessé, du jour au lendemain.

La fin des crises nous a permis de respirer un peu. Mais ce qui est fou et merveilleux à la fois dans la vie, c'est qu'elle suit sa propre cadence. Cela ne s'arrête jamais, les évènements succèdent aux évènements, les gens naissent, se marient, créent des familles – même en plein chaos, en pleine incertitude, même quand tout semble sans issue. Sam et moi avons emménagé ensemble en octobre 2012 dans la maison où j'avais vécu avec mon amie Sarah, qui venait de s'installer dans le quartier des bijoutiers de Birmingham. Lentement, Sam et moi y avons mis notre empreinte, en peignant les murs, en faisant des collages et des encadrements, et en installant dans tous les recoins de menus souvenirs de notre enfance. Nous commencions petit à petit à nous sentir chez nous.

Nous avons adopté deux chats supplémentaires, Scootini et Tallulah ; Treacle, mon premier chat, a peu à peu appris à les aimer. Elle se prend pour leur mère, même si elle ne comprend pas bien pourquoi elle éprouve parfois le besoin de se frotter vigoureusement contre eux. C'est certainement la faute de ce qu'elle voit à la télévision, et non parce qu'en réalité Treacle est un garçon. Ma rupture avec Wil datait de moins d'un an, j'étais malade depuis un peu plus d'une année, mais tant de choses avaient changé. Mon travail, la poésie, les sorties, tout ceci me semblait à des années-lumière de ma vie.

Nous venions de passer Noël dans la famille de Sam, et nous étions revenus à Birmingham pour voir la mienne. Maman nous a déposés chez nous, et Sam m'a demandé d'aller préparer une tasse de thé. Ce que je préfère dans la vie, c'est le thé au citron. En ouvrant le placard pour y prendre un sachet, j'ai découvert une petite boîte. Et dans cette petite boîte, se trouvait une petite bague, choisie par Sam avec l'aide de mes meilleurs amis. Elle était merveilleusement belle, une bague ancienne, avec un diamant. En revenant dans le salon, j'ai trouvé Sam à genoux. Il m'a demandée en mariage, et j'ai dit oui. Il en tremblait ; moi, j'étais tellement heureuse. C'était une idée merveilleuse, et même si nous n'étions ensemble que depuis six mois, cela semblait une évidence. C'était charmant, enthousiasmant, un évènement que nous pourrions préparer avec impatience. Nous avions parfois effleuré l'idée du mariage, mais je ne me doutais absolument pas que Sam allait me demander ma main. Nous avons immédiatement commencé à organiser la cérémonie. Elle aurait lieu l'année suivante, au début de l'été, et tout serait parfait. Nous n'avions pas un sou et il fallait tout faire nous-mêmes, mais tant mieux : j'adore ça. J'ai décidé qu'il n'y aurait pas de fleurs, d'abord parce qu'elles meurent, ensuite parce que les invités apprécieraient sans doute de rapporter chez eux quelques fleurs faites à la main. Je les fabriquerais avec du tissu acheté au marché aux chiffons, en ville. Des fleurs à paillettes, en tartan, en vichy, en dentelle – j'adorais l'idée d'un mariage « fait maison ». Nous avons commencé à collectionner des objets à mettre dans les sachets de faveurs : d'anciens jouets trouvés dans des papillotes, des tubes de liquide à bulles de savon. Nous avons réservé un lieu, une salle des fêtes de village avec de grosses poutres anciennes en travers du plafond, en pleine campagne. C'était magnifique.

Mais tandis que Sam rayonnait, moi, j'étais de plus en plus sombre. Mes peurs me dévoraient. J'étais fiancée, pourtant. J'aurais dû être heureuse, radieuse même, mais je ne l'étais pas. Je n'avais tout simplement pas l'énergie de me réjouir ou d'en profiter. Je souffrais toujours en permanence, et je passais jusqu'à quatre jours par semaine au lit à cause de la douleur. Je me sentais coupable, irritée de ne pas parvenir à être aussi heureuse que je le souhaitais, alors que j'organisais le « mariage maison » dont j'avais toujours rêvé. J'allais de plus en plus mal, c'était un cercle vicieux. Une partie de moi était emplie de gratitude à l'idée d'avoir survécu – après tout, j'étais en vie alors que j'aurais pu mourir, et puis je menais tout de même une sorte d'existence ; mais une autre partie de moi estimait que ce n'était pas assez. Je portais encore le deuil de celle que j'avais été avant la morsure de tique. Je détestais pleurer sur mon sort, mais j'étais révoltée par mon état – je perdais ma jeunesse, après tout.

Je n'avais pas le courage d'en parler autour de moi, je me sentais trop coupable de ne pas être heureuse. Alors mon état s'est mis à empirer. Les crises sont revenues, elles étaient clairement liées au stress à présent. Quand quelqu'un criait, si je renversais quelque chose, ou quand mes maux de tête devenaient vraiment violents, j'avais une crise. Je n'en pouvais plus.

En février 2013, tout le monde a pris conscience que ma maladie avait d'énormes répercussions sur mon état d'esprit. J'étais de plus en plus déprimée, et les antidépresseurs ne semblaient pas me faire beaucoup d'effet. Je me sentais isolée, craintive, au seuil d'une vie que je ne pensais pas être capable de vivre pleinement. Ma nouvelle vie était là qui m'attendait, avec Sam – mais elle me semblait inaccessible. J'étais malade depuis dix-huit mois, avec des hauts et des bas, mais sans jamais aller bien, et j'avais l'impression d'être en fin de course. La douleur dans ma tête était si vive qu'elle provoquait parfois chez moi des idées de suicide.

Je suis allée voir un psychothérapeute et j'ai pleuré pendant des heures, soulagée que quelqu'un d'autre que maman ou Sam partage mon avis : oui c'était horrible, et oui ça s'arrangerait. C'est un vrai soulagement quand quelqu'un ose vous dire : « Ma pauvre, tu es vraiment dans la merde », plutôt que de vous lancer des regards compatissants ou, pire, de garder un silence gêné. On peut avoir besoin d'entendre ce que l'on sait déjà. Cela nous autorise à être triste, à regretter ce qui nous arrive et à cesser de culpabiliser parce qu'on ne guérit pas.

Le psychothérapeute m'a demandé ce que cela représentait pour moi que de vivre avec la maladie au quotidien. « C'est solitaire, mais je ne suis jamais seule », ai-je répondu. « J'ai l'impression de flotter, d'être dans un entre-deux. Je n'arrive pas à avancer, à faire ce que j'ai à faire, ni à suivre mes envies. Je suis jeune, je devrais être active, travailler, m'amuser, voir mes amis, je devrais être en train d'organiser mon mariage, je devrais même envisager de fonder une famille bientôt. Mais je ne peux rien faire de tout cela », ai-je continué. « J'ai perdu des amis parce que je n'étais pas en mesure de garder le contact. Quand je me force, cela m'épuise, et je dois garder le lit pendant une semaine. Je n'ai jamais autant détesté mon lit, mais je n'ai jamais la sensation d'être pleinement éveillée non plus. Je peux passer des journées entières sur Facebook ou sur Twitter, à regarder ce que font mes amis et à m'en vouloir parce que je ne fais rien. J'ai l'impression que la vie continue sans moi. »

J'avais toujours été quelqu'un de très actif. Je travaillais tout le temps, et comme mes collègues étaient devenus des amis proches, ma vie sociale était un tourbillon. Les réveils matinaux, les retours tardifs me dynamisaient. Revoir mes collègues à présent m'était difficile ; cela me faisait mal de les regarder vivre cette vie qui me manquait tant. J'aurais donné n'importe quoi pour reprendre mon service de douze heures au bar en continu, rien qu'une fois. Les gens que j'avais pris pour des amis étaient devenus des étrangers, ils ne comprenaient rien à ce qui m'arrivait – ou alors ils ne prenaient plus le temps de comprendre. Certains me disaient : « J'en ai assez de frapper à ta porte, tu ne réponds jamais. » Maintenant que j'y pense, j'aurais dû leur répondre : « Envoie-moi un texto. Si je ne réponds pas, appelle-moi. Si je ne réponds toujours pas, rentre chez toi et envoie-moi un message. Toujours pas de réponse ? Reviens le lendemain et recommence. Parce qu'il ne faut jamais, jamais laisser tomber un ami qui est sur le point de tout laisser tomber. » Les vrais amis sont ceux qui n'abandonnent jamais. Ceux qui savent que vous êtes au bord du gouffre, ceux qui vous tiennent par les chevilles pendant que vous vous débattez en criant, en les suppliant de vous lâcher. Ces amis-là, c'est pour la vie.

♥

On s'est tous retrouvés un jour sur le rebord d'un trottoir le long d'une route passante, ou bien tout au bord du quai, au moment où le train entre en gare. Tout le monde passe par là, à un moment ou à un autre de sa vie, ce moment où l'on se dit : « Ce serait tellement facile. » Tellement facile de faire un pas en avant, et que tout s'arrête. Plus de fardeau à porter, plus d'inquiétudes, plus besoin d'avoir peur.

Moi qui ai passé du temps au bord du précipice, je sais que l'on n'a pas forcément besoin d'être sauvé. Il suffit de venir nous rappeler qu'il est aussi facile de s'éloigner du bord que de sauter. Parce qu'on s'est tous retrouvés là un jour, même les plus solides d'entre nous.

Par un jour gris de février, je me suis dit que je n'avais plus rien à espérer. Sam était à un concert dans un bar en ville, il était parti avant mon retour et je me sentais très seule. Je revenais d'un énième rendez-vous médical inutile, la maison était vide, j'avais extrêmement mal à la tête et je n'en voyais pas la fin – je n'en pouvais plus. Je ne voyais pas comment m'en sortir. J'en avais assez d'accabler ceux que j'aimais de tant de mauvaises nouvelles. J'ai fait défiler les contacts dans mon téléphone, et j'ai réalisé qu'à ce moment précis personne ne pouvait rien pour moi. Au moins 200 numéros étaient enregistrés dans mon portable, mais aucun d'entre eux n'avait la solution à mes problèmes.

Je me suis allongée par terre dans ma chambre. À cet instant, le sol était le seul endroit où je me sente en sécurité. En position fœtale, je suis rentrée en moi-même. J'ai fait le compte de ma collection de médicaments.

Je possédais plus de 300 comprimés.

J'ai pensé à tous ces gens censés être mes amis. Je n'avais pas envie d'en appeler un seul, aucun d'entre eux ne me semblait capable de m'aider. Je ne leur avais pas parlé depuis des lustres. Je me sentais oubliée, le monde avait continué à tourner sans moi. Je luttais contre ce sentiment, mais en réalité j'étais jalouse de tous ceux qui menaient encore cette vie qui avait été la mienne : travailler, aller au pub, sortir, se rendre à des festivals… Cette existence qui d'un seul coup m'avait été enlevée. Pour tous ces gens, la vie continuait. Je n'avais plus rien à voir avec eux.

On est parfois tellement dans sa bulle que l'on ne voit pas l'autre qui se débat et qui appelle au secours juste à côté. Personne n'écrit : « J'ai vraiment besoin d'aide, là » sur Facebook ; on n'y trouve que de bonnes nouvelles. Je n'allais pas poster sur Facebook et Twitter une phrase du style : « Je crois que je vais bientôt me tuer, là. J'ai vraiment besoin de quelqu'un. » J'avais l'impression que mes amis n'avaient plus de place pour moi dans leurs vies, puisque je n'avais plus rien à offrir. Ils me demandaient ce que j'avais fait le week-end, que pouvais-je leur répondre ? Je ne faisais jamais rien. Je me sentais inutile. J'étais persuadée de ne plus rien valoir et je n'avais plus envie de faire partie de ce monde.

J'étais comme insensible. Même la pensée de ma mère ne suffisait plus à me retenir. Une logique irrationnelle s'est emparée de moi, trouvant des excuses à ce que j'avais l'intention de faire. « Ça va la bouleverser, me répétais-je, mais au bout du compte elle sera moins stressée sans moi. Elle s'en sortira, elle aura plus de temps pour Jake, sa vie sera plus facile. Et si je pars, Sam pourra se trouver quelqu'un qui ne soit pas malade, avec qui la vie sera plus agréable. Si je ne revois plus mes amis, ils cesseront de demander tout le temps de mes nouvelles, je n'aurai plus à leur répondre que non, je ne suis toujours pas guérie. Je ne les décevrai plus. » Toutes ces pensées me semblent ridicules à présent, mais sur le moment elles avaient la force de la vérité.

J'ai dû rester une heure recroquevillée par terre, à contempler les médicaments et à me chercher des raisons pour justifier ce que j'avais l'intention de faire. Certaines pilules étaient jaune vif, d'autres orange, rouges et vertes. J'avais de l'ibuprofène, du paracétamol, de la codéine, du diazépam, des anticonvulsifs, des antidépresseurs, des somnifères, et des médicaments pour contrer les effets d'autres médicaments. J'en étais à 21 pilules par jour.

Je me suis demandé qui s'occuperait des chats. Sam avait 26 ans, il n'allait pas s'encombrer de trois boules de poils qui lui feraient constamment penser à moi une fois que je ne serais plus là. J'ai pensé à ma mère, je me suis dit qu'elle finirait par comprendre, mais qu'elle ne me pardonnerait sans doute jamais. J'ai pensé à mon frère et à mon beau-père, je les ai imaginés en train d'expliquer aux gens ce qui s'était passé. Auraient-ils l'impression de n'en avoir pas fait assez ? J'espérais sincèrement que non.

Soudain, l'écran de mon téléphone s'est allumé. J'avais téléchargé une application, « Princess Makeover » : il s'agit de pomponner des personnages de dessin animé et de les faire belles pour sortir, un peu comme d'habiller des Princesses Disney. Je sais, je suis sans doute un peu vieille pour ça… Un message est apparu : « Dépêche-toi ! Nos soins du visage ! On sort, ce soir ! » C'était tellement ridicule que je me suis mise à rire, et cela a rompu le cercle infernal. Il valait mieux en rire, en effet. J'étais là, en pleine tourmente, envisageant sérieusement de mettre fin à mes jours, et une stupide application pour enfants venait de me sauver la vie. Mon rire m'a fait réaliser que j'étais encore capable de me moquer de moi-même et que, tant que je riais, le monde ne pouvait pas s'écrouler.

Pendant cette seconde de distraction, j'ai compris que j'avais le choix : rester là sans rien faire et me laisser consumer par mes sentiments jusqu'à la mort, ou créer quelque chose de magique. Dire que ces petites dames animées m'ont sauvé la vie serait un peu fort, mais elles m'ont permis de réaliser que je n'étais pas prête à la quitter.

Que pouvais-je bien créer de magique ? Quelque chose d'utile, de positif, je voulais faire usage au mieux de mon temps sur la terre. J'avais à ma disposition : moi-même, beaucoup de temps libre et ma passion pour l'écriture. Je n'arrivais plus à écrire de poésie depuis longtemps et j'étais incapable de faire des performances, ma mémoire n'étant plus assez bonne pour réciter par cœur. Mais j'adorais écrire, et j'adorais recevoir des lettres par la poste. Je me suis rappelé des petits mots que je semais partout : sur la porte du Frigidaire de ma mère, dans mes livres d'école, pour les serveuses, au dos des tickets de bus, que je déposais sur les sièges à l'intention du prochain passager. Et si tous ces petits mots ne s'étaient pas perdus ? S'ils trouvaient un chemin jusqu'à ceux qui en ont besoin ? Et si c'étaient des lettres ?

J'ai rangé les médicaments. Je me suis connectée et, depuis mon ordinateur portable, en moins d'une demi-heure, j'ai créé onemillionlovelyletters.com. Mon but : empêcher ne serait-ce qu'une seule personne de sauter dans le précipice. Une seule, et cela en aura valu la peine, rien qu'une et j'aurai fait bon usage de mon passage sur cette planète. Rien qu'en Grande-Bretagne, il y a déjà 62 millions 641 000 personnes. Dans le monde entier il y a 7 milliards, 38 millions, 44 478 inconnus, et ça n'est pas près de s'arrêter. Chacun de ces inconnus aura un jour besoin d'un coup de pouce. J'ai commencé par un million parce que c'est un grand nombre, le plus grand nombre que j'arrivais à concevoir lorsque j'étais petite, et avec le mot *lovely** parce que étant de Birmingham je l'utilise beaucoup. J'ai donc envoyé un appel à chaque personne sur cette planète : si vous, ou quelqu'un que vous connaissez, avez besoin que l'on vous dise que vous êtes formidable, je vous écrirai une lettre. Vous qui avez besoin d'aide et de réconfort, vous qui n'avez pas le moral, je vais vous rappeler que vous êtes merveilleux.

* Joli, charmant, adorable, agréable, gentil, super...

Grâce à Princess Makeover, j'étais sortie du gouffre. J'avais de l'inspiration, j'avais un projet, et j'étais partie pour changer le monde, lettre par lettre.

CHAPITRE 7

TOUT COMMENCE À PRENDRE SENS

Mon site Web s'ouvrait sur une description personnelle, avec un message pour ceux qui tomberaient dessus par hasard :

> Si vous avez envie de recevoir une lettre, envoyez-moi un e-mail à :
> onemillionlovelyletters@gmail.com
> Merci de préciser votre adresse et la raison de votre demande, par exemple :
> « Je me sens un peu déprimé. »
> Où que vous soyez, quel que soit le problème, vous recevrez une petite enveloppe avec du courage dedans.
> Merci.
> Jodi
> XX

J'ai mis le site en ligne, j'ai envoyé un appel sur les réseaux sociaux, et en une heure j'avais déjà reçu 50 e-mails en provenance du monde entier. Le plus incroyable, c'est que le tout premier e-mail est arrivé d'Australie. C'était inouï ! J'étais là toute seule, allongée par terre dans ma chambre et prête à en finir… Une heure après, je discutais avec quelqu'un en direct de l'autre bout du monde. Extraordinaire !

Voici ce que disait le premier e-mail :

Bonjour,
Je crois que j'ai besoin de réconfort, car j'ai le cœur brisé. J'ai perdu ma meilleure amie, et c'est comme si le monde s'écroulait sous mes pieds. Non seulement j'ai les nerfs à vif, mais je me sens seule et désespérée.
Je vous embrasse,
Phoebe

J'ai rapidement renvoyé un e-mail :

Bonjour belle Phoebe, donne-moi ton adresse et je m'y mets. Tu auras la lettre dans la semaine. Courage, j'y mettrai tout mon cœur.
Merci.
Jodi x

Elle a répondu :

Merci mille fois, mais… je vis en Australie ! Ça fait un peu cher pour envoyer une lettre par la poste. Mais ta réponse, ta gentillesse et ta générosité sans bornes sont déjà d'un grand réconfort et me donnent du courage. Tu m'as fait beaucoup de bien, merci !
Phoebe xx

Pas de problème pour envoyer une lettre en Australie ☺ on dirait que tu en as besoin ! Jodi X

Génial ! Oui, j'en ai vraiment besoin ! Plus que jamais ! Super.
Je la garderai toute ma vie.
Merci mille fois !!!
Phoebe xx

Alors j'ai sorti mes feutres et mes papiers colorés, mes paillettes, mes autocollants, des mouchoirs en papier, de la ficelle et de la colle – je ne fais jamais les choses à moitié – et je me suis installée pour écrire une lettre d'espoir à Phoebe. Je voulais qu'elle soit parfaite. Voici ce que je lui ai écrit :

Chère Phoebe,
Je suis désolée que tu te sentes si triste et si affaiblie. Si en plus tu stresses, cela ne fait qu'aggraver ton état, parce que tu n'as sans doute pas la force de gérer grand-chose avec tout ce qui t'arrive en ce moment. Tu me dis que tu as perdu ta meilleure amie. C'est terrible de perdre quelqu'un, c'est une douleur telle qu'on a parfois l'impression qu'elle ne disparaîtra jamais. Elle risque de mettre longtemps à s'atténuer, mais un jour ce sera supportable, je te le promets. Quand tu n'as pas le moral, essaie de te souvenir de ce qui t'inquiétait il y a six mois : je parie que tu ne t'en rappelles plus ! Les soucis s'effacent, tout finit toujours par s'arranger. Pour la

solitude : tu es une belle personne, et tu as beaucoup de choses à offrir au monde. Vas-y, prends ta vie en main ! Sois toi-même et ne te focalise pas sur tes défauts. En revanche, essaie d'embellir chaque journée, ne serait-ce qu'en allant simplement faire un tour. Cela peut sembler banal, mais il faut savoir s'accorder de petites victoires. Pas besoin de soulever une montagne par jour, commence par un petit caillou.

Tu es magique. Il serait temps d'y croire, Miss !

J'espère qu'aujourd'hui sera une belle journée.

Je t'embrasse,

Jodi

Xx

Le message de Phoebe était une merveilleuse bouffée d'air frais. Elle allait mal, mais je savais qu'elle réussirait à remonter la pente, et c'était très réconfortant qu'elle ait fait appel à moi. Cela me rappelait mes 5 ans, et la lettre que j'avais envoyée au paradis pour mamie.

Phoebe avait beau vivre à l'autre bout du monde, je la comprenais. Comme moi, elle passait beaucoup de temps seule, elle souffrait d'isolement et elle avait perdu sa meilleure amie. Je sais ce qu'il en est de perdre des amis quand on n'y est pour rien. Quant à ses nerfs à vif, cela me parlait : j'avais vécu ça pendant ma maladie, et je suis aussi très anxieuse de nature.

Ce que j'essayais de lui dire, c'est que tout finit toujours par s'arranger. C'est vrai ! La vie continue, les soucis s'effacent. Il y a toujours des problèmes, évidemment, cela fait partie de l'existence – mais l'expérience nous enseigne que l'inquiétude ne sert à rien, j'en suis persuadée. Les épreuves que la vie nous envoie sont surmontables, car nous sommes bâtis pour survivre, après tout. C'est l'inquiétude qui nous tue ; plus rien n'est insurmontable quand on parvient à y résister.

Devinez quoi ? Phoebe m'a répondu. J'ai reçu une carte postale d'Australie.

Bonjour jolie Jodi,
Juste pour te dire que j'ai reçu ta lettre d'espoir la semaine dernière. Merci mille fois. Tes mots, tes pensées sont une source d'inspiration et me rappellent qu'il faut savoir apprécier les jolies choses de la vie. Tu n'imagines pas comme c'était agréable de recevoir ta lettre venue d'Angleterre, je vais la garder précieusement. Une vraie mine de courage et d'amour, juste ce dont j'avais besoin ! Vraiment, j'apprécie. Je tenais à t'écrire pour te remercier, et pour te dire que ta lettre a fait une vraie différence dans ma vie. Tu es une belle âme !
Je t'embrasse très fort. Garde le sourire, ma belle, et encore merci. Je n'oublierai jamais !
Phoebe xx

Jamais je n'aurais imaginé que Phoebe me remonterait le moral à ce point. Lui écrire m'offrait un but, cela redonnait de la valeur à ma vie. Dès que j'écrivais, je me sentais mieux, tout prenait sens à nouveau. J'étais tombée très bas ; peu à peu, mes correspondants m'ont tirée vers le haut. C'était merveilleux de pouvoir me concentrer sur les autres au lieu de tourner en rond, obsédée par ma solitude. J'avais enfin une raison de me lever et d'affronter la journée : pas question d'abandonner ces gens qui avaient besoin de moi.

Parmi les e-mails suivants, j'ai retenu celui d'une femme qui vivait à Oman. C'était passionnant – je n'avais jamais entendu parler d'Oman, encore moins communiqué avec quelqu'un de là-bas. Tout à coup, le monde entier se retrouvait dans ma boîte de réception. Quelle chance !

Chère Jodi,

J'ai passé presque toute ma vie à Oman (un petit pays méconnu du Moyen-Orient). C'est un bel endroit où la vie est très agréable, mais c'est un peu comme d'habiter sur une île. Nous sommes peu nombreux (et beaucoup n'ont pas toute leur tête, serait-ce la chaleur ?), il y a peu d'endroits où aller, peu d'activités et beaucoup de ragots ! Heureusement pour moi, une amie d'école vient de s'installer ici pour son travail. Elle est merveilleuse et sans elle je serais sans doute devenue folle, je me serais installée dans une cabane au milieu du désert pour y élever des chameaux. Hélas, elle n'a vraiment pas le moral en ce moment. Le type avec qui elle sortait s'est mal comporté, et ça lui a brisé le cœur. En plus, elle nage dans les problèmes au boulot ; elle aurait bien besoin d'un peu d'amour. Tout lui est tombé dessus d'un seul coup la semaine dernière ! Ce n'était pas le bon moment. Elle ne reste pas au fond de son lit ni enfermée chez elle, heureusement, et je fais tout ce que je peux pour lui rappe-

ler qu'elle est entourée et que tout finira par s'arranger. Un peu d'amour et de gentillesse en provenance d'un pays lointain pourraient être la surprise qui lui remonte le moral pour la journée/la semaine/le mois. J'imagine bien que vous êtes extrêmement occupée à répandre la bonté dans le pays, en plus la poste ici n'a pas accéléré depuis le Moyen Âge. J'espère tout de même que vous n'envoyez pas de pigeons voyageurs ! Nous utilisons des boîtes postales au lieu de recevoir nos lettres chez nous. Il n'y a pas vraiment de numéros sur les rues ou sur les bâtiments ici, c'est plutôt « la maison avec un dôme au coin avec le palmier, là où la voiture rouge se gare près de l'hôtel Intercon ». Ce n'est pas facile tous les jours pour le facteur ! Si vous trouvez le temps de lui envoyer un mot ou deux, ce serait merveilleux !
Amitiés,
Aneeka

J'ai donc écrit à Cath, l'amie d'Aneeka, à Oman :

Chère Cath,
Juste un petit mot pour te rappeler que tu es quelqu'un d'exceptionnel. Ta présence embellit le monde, il y a des gens qui t'aiment. C'est grâce à ta gentillesse : tu es toujours prête à soutenir les autres. Je suis là pour te dire que, quelquefois, c'est quand notre monde s'écroule que l'on peut vraiment réfléchir à ce qui est bon pour nous.
Ces murs de brique ne sont pas là pour rien – ils sont l'occasion de prouver la force de notre volonté,

de mesurer l'énergie qui nous pousse à mettre de la magie dans nos vies. Ce n'est pas un mur qui va t'arrêter. Tu fais partie de ces gens qui ont le don de créer autour d'eux un univers merveilleux. Vois les obstacles comme autant de pierres pour t'aider à escalader les murs, Cath. Tu as vraiment quelque chose en toi, et tu laisseras une belle empreinte sur notre vaste monde. Crois en toi – tout le monde croit en toi. Tu es belle et forte. Ces nuages gris finiront par s'envoler.
Trouve ton soleil, ma belle.
Jodi xx

L'histoire racontée dans l'e-mail suivant était si semblable à ma propre expérience que j'en ai eu froid dans le dos.

Salut Jodi,
Moi aussi j'ai 24 ans, et je suis un peu triste. On m'a diagnostiqué une sclérose en plaques cette année. J'ai essayé de garder le moral, mais je n'allais vraiment pas bien. Depuis deux semaines, j'ai tout récupéré (j'avais perdu l'usage de mon côté droit) mais, d'une certaine façon, ça m'a rendue moins positive. La joie de voir mes orteils se remettre à bouger, le plaisir de saisir mon verre de la main droite ont disparu face à la menace d'une nouvelle rechute. Quelle que soit la situation, je suis intimement persuadée qu'une attitude positive règle déjà la moitié du problème – tu en es la preuve vivante. J'ai un peu de mal à retrouver cet optimisme, et je suis certaine qu'une lettre écrite par une fille aussi inspirée que toi me remettra d'aplomb.

Tous mes vœux,
Sarah xx

Chère Sarah,

Bravo, ma belle ! Tu as de quoi être heureuse. Des rechutes, il y en aura peut-être, mais il ne faut pas en avoir peur.

Moi, je fais des listes : une pour les bons jours, et une pour les mauvais. Sur la mauvaise liste, note tous les coffrets DVD que tu veux regarder, tous les films que tu avais prévu d'aller voir et que tu as manqués, tous les livres qui prennent la poussière sur tes étagères – et lis-les. Repose-toi. N'aie pas peur de ces jours-là, Sarah, je sais que c'est nul de ne pas pouvoir faire grand-chose (voire même rien du tout), mais il faut être indulgente envers soi-même. Dis-leur m... à tes mauvais jours, Sarah – c'est toi qui commandes. Tu mérites tout le bonheur du monde, ma jolie.

Profite de chaque bonne journée, et utilise les mauvais jours pour te reposer.

Gros bisous,
Jodi
Xx

Jodi,

Avec un million de jolis gestes, tu vas te faire un million de nouveaux amis.

Nous sommes déjà 678, d'après Twitter.

Merci de m'avoir remonté le moral. J'espère que ce message aura le même effet sur toi.

Sois forte, sois heureuse, et reste en bonne santé.
Respect et amour,
Sarah
xxx

Sarah est géniale, nous discutons souvent sur Twitter. Elle a mon âge, et nous nous comprenons, car beaucoup de choses nous rapprochent. Nos maladies sont différentes, mais leurs effets sont identiques : nous passons toutes les deux de longs moments sans rien pouvoir faire. J'ai essayé de lui donner de bons conseils : se reposer, rester positive. Pendant les mauvais jours, penser à tout ce qui nous est interdit ne fait qu'aggraver les choses.

Nous vivons dans un monde frénétique. Tout le monde est pressé, personne ne s'arrête jamais. Dans près d'une lettre sur deux, je dois conseiller aux gens de prendre le temps, de faire plus attention à eux. Plus je l'écris, plus je commence à suivre mes propres conseils : ne compare pas ta vie à celle des autres, concentre-toi sur ce que tu es capable de faire, ne sois pas dure avec toi-même, accorde-toi la permission de te reposer, de te relaxer, profite des petites choses. Car je balance des conseils à gogo, mais il faudrait déjà que j'apprenne à les suivre ! C'est l'effet le plus surprenant de ces lettres d'espoir : même déprimée, j'arrive encore à écrire aux autres ; et en général, après deux ou trois lettres, je me sens mieux.

Sarah m'a écrit il y a quelque temps pour me donner de ses nouvelles :

Salut Jodi,
Je vais beaucoup mieux – j'ai réussi à sortir du gouffre. Je viens de terminer mon retour progressif au travail, me

revoilà au bureau quarante heures par semaine – la barbe… mais c'est bien finalement, ça veut dire que mes bras et mes jambes fonctionnent de nouveau – youpi ! Pas de lésions définitives (sauf quelques cicatrices au cerveau – mais pensons à autre chose !) et j'ai des piqûres quotidiennes pour aider à contrôler la sclérose. Je me suis inscrite à un atelier « Gérer sa maladie » à la Ligue contre la sclérose en plaques près de chez moi, je prends vraiment le taureau par les cornes. Savoir, c'est pouvoir, voilà mon angle d'attaque.

Dis-moi si je peux t'aider à quelque chose pour ton projet.

Je pense vraiment que ce que tu fais peut aider les gens : sentir un sourire sur son visage, il n'y a rien de meilleur quand on n'a pas le moral. J'espère que l'univers te le revaudra un jour.

Prends soin de toi, ma belle.

Sarah x

Sarah l'ignorait, mais l'univers était effectivement en train de m'offrir un cadeau. Plus j'écrivais de lettres et plus j'étais heureuse. C'était comme avec Mme Penman, la directrice de l'école, que j'avais prise dans mes bras des années plus tôt.

Offrir de la gentillesse, donner d'avance, cela me faisait un bien fou.

Beaucoup de gens m'écrivent pour me demander une lettre pour un de leurs proches, comme dans le message qui suit. Je suppose qu'ils veulent donner d'avance, eux aussi.

Salut Jodi,

Je trouve que ce que tu fais est génial, et j'espère sincèrement que ta vie va prendre un meilleur tour et que ta santé va s'améliorer. Tu le mérites. J

J'aimerais que tu écrives une lettre à ma copine, Penny. Elle a 23 ans, et depuis qu'elle est sortie de l'université, elle désespère de trouver le job de ses rêves. Après un an de recherche d'emploi, pour des raisons financières elle a dû se résoudre à accepter un boulot qu'elle n'aime pas, et je crois qu'elle a peur de ne jamais arriver à faire autre chose. Je sais qu'un jour elle trouvera son bonheur et qu'elle s'en sortira très bien, je ne cesse de le lui répéter, mais parfois ça ne suffit pas.

Dan

X

Chère Penny,

Je t'envoie ce petit message pour les jours où tu penses que tu ne t'en sortiras jamais. Je te rassure tout de suite : si, si, tu t'en sortiras. Tu participes à la beauté du monde, Penny, et au nom du monde entier j'aimerais te dire merci ! Ce boulot n'est qu'un tremplin pour atteindre ton but – essaie de le voir comme ça. C'est juste pour payer les factures tout en cherchant le job idéal – et tu le trouveras, Penny, je te le promets. Ton job actuel, ce n'est pas pour la vie. C'est toi qui écris ton histoire et personne d'autre. Et ton histoire est pleine d'espoir, jolie Penny.

Tout va s'arranger, tu verras ; garde confiance, ma belle.

Je t'embrasse,

Jodi

XX

Penny m'a répondu. Quelle joie – j'avais soudain toute une collection de correspondants.

Chère Jodi,
Merci à toi ! J'ai acheté cette carte il y a plus d'un an parce que j'adore son message : Croire en l'autre. Et puis elle est restée dans mon tiroir, comme si j'attendais de trouver le destinataire idéal à qui l'envoyer. Alors quand j'ai reçu ta lettre... C'est merveilleux ce que tu fais, Jodi. Tu m'as permis de ne pas oublier qu'il faut CROIRE EN L'AUTRE. Continue, belle dame. Le monde a besoin de gens comme toi. Je te souhaite beaucoup d'espoir, une bonne (ou du moins meilleure) santé et beaucoup de succès. MERCI JODI.
Je t'embrasse,
Penny de Londres (qui VA TROUVER un meilleur boulot)

Cela peut être abrutissant de faire un travail qu'on déteste uniquement pour payer les factures. Il faut se répéter que ça ne durera pas éternellement. À une époque, j'ai eu trois boulots en même temps. Celui que je préférais, vendre des perles chez Beadasaurus, ne me rapportait pas assez ; j'ai donc dû en trouver deux autres, mais je les détestais. Le pire, c'était d'être serveuse dans un club de strip-tease. Heureusement que je n'ai pas eu à y rester trop longtemps, car le pub où je travaillais – mon troisième boulot – m'a rajouté des heures de service. Ce pub était un moindre mal, d'ailleurs. Pas besoin de short à paillettes, mais il fallait gérer les ivrognes qui devenaient violents, et supporter les regards vicieux des vieux messieurs. J'y faisais assez d'heures pour pouvoir quitter la boutique de perles, même si Beadasaurus était un havre de paix comparé à mes deux autres emplois. Mais je n'y gagnais vraiment pas assez pour rester… C'est absurde, je sais, mais quand on a du mal à joindre les deux bouts, on n'a pas le choix.

Quoi qu'il en soit, je ne suis pas restée longtemps chez ces trois employeurs, bons ou mauvais, et j'ai trouvé du boulot chez Levis et dans un pub très sympa, le Hare and Hounds – tout a fini par s'arranger. Je sais qu'il en sera de même pour Penny.

Salut Jodi,
Je m'appelle Kate. Je traverse une passe difficile en ce moment… J'ai complètement perdu confiance en moi et quand je ne suis pas à mon travail, je reste au lit. J'ai l'impression d'avoir raté ma vie, d'ailleurs je n'ai même plus envie de vivre la plupart du temps.
Je crois que j'ai besoin d'une lettre pour avoir l'impression de valoir quelque chose. L
Kate xx

Bonjour Kate,
Je t'écris cette lettre pour que tu n'oublies pas que tu es quelqu'un d'exceptionnel. C'est une petite victoire que d'être capable d'aller travailler même les mauvais jours. Il faut savoir se féliciter pour les petites choses. Ça compte, les petites choses – et toi aussi tu comptes. Tu as le droit d'être triste et de pleurer parfois, la vie n'est pas faite que de soleil

et d'arcs-en-ciel, mais durant tes moments les plus sombres, souviens-toi que quelque part, on en trouve encore, des arcs-en-ciel et du soleil. Essaie de te forcer à sortir de ton lit pour aller dehors – pas forcément dans la rue, certains jours, on ne veut voir personne. Fais-toi une tasse de thé, et va t'asseoir sur le pas de la porte, derrière la maison ; répète-toi que tu es exceptionnelle parce que moi, déjà, je pense que tu l'es – c'est toi qu'il faut convaincre. Non, même pas besoin de te convaincre – juste de te le rappeler. J'ai foi en toi, Kate. Tu n'as pas « raté ta vie ». Ta vie, c'est toi qui décides de quand elle commence, et tu as encore beaucoup à faire. N'aie pas peur – si tes rêves ne te font pas peur c'est qu'ils ne sont pas assez fous. Tu es capable de tout – penses-y, les jours où tu as l'impression de ne rien valoir. Tu vas t'en sortir, tu verras. Je te le promets.
J'espère qu'aujourd'hui tu souris.
Je t'embrasse,
Jodi
xx

J'ai reçu une jolie réponse de Kate, écrite à la main :

Chère Jodi,
Pardon d'avoir tant tardé à répondre à ta lettre d'espoir. Je n'ai jamais eu tant de mal à rédiger une lettre, mais je voulais te remercier d'avoir pris le temps d'écrire à une inconnue pour lui remonter

le moral. Ça a marché. Beaucoup de choses ont changé depuis ta lettre. J'ai mis fin à une relation malsaine et je suis revenue vivre chez mes parents. Je me sens déjà mieux, et c'est entièrement grâce à toi et à ta lettre. Tu m'as sauvée. Je trouve que ce que tu fais est merveilleux – c'est fou l'effet que ça peut faire, la gentillesse d'une inconnue. Accepte ces quelques timbres en remerciement, pour t'aider dans ta mission d'écrire un million de lettres d'espoir.
Encore merci.
Je t'embrasse,
Kate
P-S : Je relis ta lettre tous les jours et je la garde en permanence sur moi.

La première lettre de Kate est très courte, mais relisez-la lentement, en y réfléchissant : sa souffrance est visible. C'est un véritable appel au secours que d'annoncer que l'on n'a plus envie de vivre ; on ne dit pas ça comme ça au détour d'une conversation. Les mots de Kate m'ont vraiment choquée. Je lui ai répondu ce que j'aurais aimé que ma meilleure amie me dise si j'avais été dans la même situation. Je me sentais responsable, je voulais parvenir à convaincre Kate que tout allait s'arranger, qu'elle arriverait à surmonter ses épreuves, je voulais qu'elle sache qu'il y a des moyens d'aller mieux. Ce sont des choses simples, comme d'aller dehors tous les jours. Mais plus que tout, je voulais lui dire qu'elle comptait. Je voulais vraiment lui faire passer ce message, car nous oublions fréquemment que chaque personne compte. Chacun d'entre nous.

Je comprenais très bien ce qu'éprouvait Kate. Mais l'e-mail suivant dépassait tout ce que j'avais pu expérimenter.

Bonjour, je m'appelle Olivia. J'ai 15 ans et je vis à Brighton avec ma mère et mes deux petits frères. Nous habitions en Écosse, nous avons déménagé il y a trois ans à cause de violences familiales. Après deux ans et demi à souffrir en silence, à vivre avec un homme qui selon l'humeur était soit le beau-père idéal, soit mon pire cauchemar, je suis rentrée un jour pour trouver des policiers partout, la maison sens dessus dessous et maman en larmes par terre, couverte de blessures et la figure tellement enflée qu'elle pouvait à peine parler.
La plupart de nos amis proches refusaient de nous croire malgré les bleus et les cicatrices ; ils ne pouvaient pas concevoir qu'un homme qu'ils trouvaient gentil, attentif et drôle puisse faire des choses pareilles. Nous aussi nous avons eu du mal à l'accepter, c'est pour cela que nous comprenons qu'ils ne nous aient pas crus.
Mon père m'a abandonnée le jour de mes 4 ans. Je ne pense jamais à ma famille paternelle, jusqu'à ce jour, il y a deux semaines, où j'ai reçu un message sur Facebook. Il venait d'une femme à qui je n'avais pas parlé depuis mes 18 mois ; elle m'annonçait qu'un nommé Daniel était mort, qu'elle en avait parlé avec mon père et que l'enterrement aurait lieu le 18 février.
Ce n'est qu'en demandant à ma mère qui était ce Daniel, en voyant son visage se défaire, que j'ai réalisé qu'il s'agissait de mon grand-père. La semaine dernière, j'ai été déclarée jeune tutrice de mon petit frère Tom. Il a 10 ans, il en aura 11 en avril ; il est autiste, dyspraxique et épileptique.

Maman a du mal à s'en occuper, bien qu'elle travaille avec des gens vulnérables ou défavorisés. C'est plus facile pour elle de gérer les problèmes des autres que les siens, je crois. Chaque fois que je lui en parle, elle nie, mais je sais qu'elle sait que c'est vrai.

Je suis la seule à vraiment comprendre mon frère, à prendre le temps d'écouter ses problèmes, à leur trouver des solutions et à les lui expliquer des deux seules manières qu'il comprenne : par l'art ou par la science. C'est difficile parfois – il a sa propre façon de faire les choses.

Ollie, mon autre petit frère, a de gros problèmes d'anxiété ; c'est plus grave que Tom d'ailleurs, d'une certaine façon. Il est très protecteur vis-à-vis de notre mère, à tel point qu'il refuse de dormir dans son lit à lui et va dormir avec elle. Il ne s'endort pas tant qu'elle n'est pas couchée. Nous savons tous que c'est parce qu'il a peur qu'il arrive quelque chose à maman, mais il refuse de l'admettre. C'est vraiment le garçon de 9 ans le plus têtu de la planète.

Ollie fait de son mieux, le pauvre – mais il en fait trop. Il essaie toujours de donner un coup de main à la maison mais, la plupart du temps, ma mère croit qu'il prépare une bêtise ; alors ça le décourage et il abandonne. Il crie après tout le monde, il est agressif, provocateur, bref, infernal. Comme un garçon de 9 ans normal, mais en dix fois pire.

Et puis il y a moi : une fille de 15 ans, en plein brevet des collèges. L'école, c'est dur – même si je suis du genre à collectionner les A, enfin j'étais. L'ambiance à la maison me provoque des migraines très violentes, alors je manque souvent l'école. C'est la raison de mon message. Il est parfois plus facile de parler de ses problèmes à des inconnus, de leur montrer qui vous êtes vraiment. On raconte sa vie

depuis le début sans rien cacher, puisque de toute façon si l'on ne s'entend pas, on n'est pas obligés de rester amis. Pas d'inquiétudes, rien à attendre – juste une inconnue qui ne sait pas qui vous êtes, la situation idéale pour s'entraider. C'est mon avis en tout cas.
Rien que de t'avoir écrit cette dissertation e-mail, je me sens beaucoup mieux. Partager mon histoire avec une inconnue m'a fait du bien.
Merci d'être celle que tu es.
Olivia x

Chère Olivia,
Tu ne te rends pas compte de ta force – tu as bon cœur, et cela te donne une puissance incroyable. Tu es si courageuse et si mûre, ce que tu as dû surmonter n'était pas de ton âge. Cela ne fait pas de toi une victime, Olivia. Tu es une battante – comme ta mère et tes frères.
Mon père à moi n'a jamais été présent. J'ai fini par comprendre que son absence n'avait rien à voir avec notre comportement, mais bien avec le sien ; ton père est faible et c'est tant pis pour lui, Olivia, il passe à côté d'une fille magnifique ! Préviens ton école que tu as la charge de ton frère, comme ça si tu es malade pendant tes examens, tu auras droit à un traitement de faveur, et tu stresseras moins. Ton frère Ollie essaie d'être l'homme de la maison, ce qui est bien compréhensible. Pourquoi ne sortiriez-vous pas ensemble tous les trois, un après-midi ? Ne serait-ce que pour aller au parc. N'oubliez pas que

malgré les épreuves que vous avez traversées, vous avez aussi le droit de vous amuser. Vous le méritez. Suggère peut-être à ta mère d'aller voir quelqu'un au NHS*. Il existe des associations qui soutiennent les jeunes victimes de violences domestiques, tu pourrais en contacter une.
Tout va bien se passer. Tu es une très belle personne, Olivia. Intelligente, attentionnée, tu as un brillant avenir devant toi. Rien de tout ceci n'est de ta faute. Reste positive et forte.
Je t'embrasse,
Jodi xx

Quand j'ai su que j'allais écrire ce livre, j'ai contacté certains de mes correspondants en leur demandant la permission de mentionner leurs lettres et leur histoire. Pour Olivia, qui est très jeune, j'ai tenu à bien vérifier qu'elle était d'accord. Voici sa réponse :

Salut !
Oui, je suis au courant, je trouve ça génial ! J'adorerais être dans ton livre. Tu ne peux pas imaginer à quel point ça me rendrait heureuse ! Je vais te recopier la lettre tout de suite. Je voulais te la scanner mais, hier, en buvant une tasse de thé devant mon ordinateur portable, ma main droite s'est mise à trembler (ça arrive de temps en temps, je ne peux pas le contrôler) – et hop, adieu portable.

* NHS, National Health Service, système de santé publique du Royaume-Uni.

Tout va bien, merci ! Je ne peux pas aller en cours en ce moment ; on pense que je fais des miniattaques, c'est la poisse. Mais l'école a été super, ils sont en train de me trouver un professeur particulier pour septembre, avec un peu de chance je ne prendrai pas trop de retard dans mon travail.

Je me lance dans un nouveau projet : je vais dans des lieux publics, et je demande à des inconnus d'écrire quelque chose sur leur personne favorite, ou sur un évènement qui leur est arrivé et qu'ils ont envie de raconter, ou simplement de décrire quelque chose de beau qu'ils voudraient partager. Ensuite, j'affiche les lettres de plusieurs manières – sur des banderoles, encadrés, etc. Et après, je monterai une grande exposition pour que toute la communauté puisse venir les voir.

Il se passe des choses graves dans mon quartier actuellement ; les gens ont besoin de se rendre compte que le monde est plein de belles personnes et de gens exceptionnels. Mais comme les médias ne parlent jamais de ces gens-là, on a l'impression que l'univers est empli de méchants.

Et toi, comment vas-tu ?

JE SUIS SI CONTENTE POUR TOI. Tu as été une grande inspiration pour moi.

Je t'embrasse,

Olivia x

Olivia, qui n'a que 15 ans, possède déjà une sagesse d'adulte. Sa vie n'a pas été facile, mais elle reste solide face à l'adversité. En lisant ses lettres, je me demande comment elle a réussi à ne pas craquer. Je ne suis pas certaine que j'aurais été capable d'en faire autant à son âge. Je m'identifie à certains de ses problèmes, mais son expérience a été plus extrême que la mienne. Olivia est peut-être la preuve vivante que nous sommes plus solides que nous ne le pensons, au fond. Je tiens beaucoup à rester en contact avec elle, et j'apprécie qu'elle m'écrive quand elle ne se sent pas bien.

Bonjour,
Je m'appelle Abbie. J'ai lu ton histoire dans les journaux et je dois avouer que j'admire ce que tu fais : c'est vraiment altruiste, c'est beau ! Je ne peux qu'espérer devenir comme toi. Je me laisse souvent accabler par mes malheurs, je ne devrais pas ! Évidemment, j'aimerais bien recevoir une lettre de toi, mais c'est surtout à ma mère que je voudrais que tu écrives. Patrick, mon père, est mort il y a quatre ans d'une crise cardiaque. Durant les années qui ont précédé sa mort, nous avons perdu notre maison et tout notre argent, et comme mon père ne pouvait plus travailler, nous avons emménagé dans un petit appartement HLM. Il va sans dire qu'à sa mort il ne nous restait plus grand-chose, et nous avons dû emprunter de l'argent à des amis pour payer son enterrement. Je suis la plus jeune de cinq enfants. C'est pour ma mère que ç'a été le plus dur : ils étaient ensemble depuis quarante ans, il est mort à la maison et c'est elle qui l'a retrouvé. Je viens d'une famille nombreuse, mais j'ai l'impression que nous nous sommes un peu éloignés les uns des autres ces dernières années, chacun s'étant muré dans son chagrin sans vraiment soutenir maman.
Elle a eu 60 ans l'année dernière. Elle est obligée d'avoir plusieurs emplois pour payer le loyer, elle ferait n'importe quoi pour sa famille. Mais elle déprime souvent quand elle pense à ce que sa vie est devenue, elle arrive à peine à

joindre les deux bouts et il lui arrive d'emprunter pour payer les factures. Elle a l'impression que sa vie est fichue. L'an dernier, elle a craqué et a tenté de se suicider. Depuis, elle voit un psychologue, et ça va mieux. Elle est plus heureuse et nous nous sommes beaucoup rapprochées, même si je vois bien qu'elle déprime encore et qu'elle a du mal à supporter cette nouvelle existence. J'aime ma maman – elle est fantastique. C'est une très belle femme, elle a l'air d'avoir 40 ans plutôt que 60. Elle se lie d'amitié avec tous ceux qu'elle rencontre, elle est très appréciée et n'a aucun préjugé. Par-dessus tout, c'est quelqu'un d'incroyablement généreux, elle pense toujours à moi avant de penser à elle-même. Elle s'appelle Tanya. Je me sens un peu coupable de te demander de faire ça pour moi. J'espère vraiment que ta santé s'améliorera, et je suis sincère quand je te dis que ce que tu fais est incroyable. Si seulement j'étais aussi altruiste que toi !
Je t'embrasse,
Abbie x

Chère Tanya,
Au cas où vous l'oublieriez, voici un petit message chargé de vous rappeler que vous êtes vraiment quelqu'un de bien. Vous offrez votre magie à ce grand univers, il vous reste encore tant de choses à y faire ! Vous êtes une très belle personne, et c'est un privilège que de vous avoir dans sa vie – vous apportez tant de bonheur aux autres, Tanya ! Vous avez droit au bonheur en retour. Vous qui travaillez si dur, sachez que vos efforts sont appréciés

à leur juste valeur. Les choses vont s'arranger – c'est vous qui décidez, Tanya. Faites la liste de toutes vos envies, les petites comme les grandes, que ce soit un livre qui vous intéresse ou un voyage au Pérou. Donnez-vous une dizaine d'années et cochez les envies, l'une après l'autre, sur la liste – cochez-en le plus possible. Je suis certaine qu'Abbie viendra partager vos aventures – et elles seront nombreuses !
Vous êtes très aimée, Tanya, et j'espère de tout mon cœur que de beaux jours vous attendent. Vous les méritez vraiment.
Je vous embrasse,
Jodi
xx

Quand j'ai écrit à Abbie pour lui demander si je pouvais reproduire les lettres qui parlaient d'elle et de sa mère dans mon livre, j'ai reçu cette réponse extraordinaire :

Bonjour Jodi,
Ça nous ferait très plaisir ! J'en profite pour te donner quelques nouvelles. Après t'avoir envoyé la demande de lettre, ma mère a été hospitalisée. On lui a diagnostiqué un cancer de l'ovaire. Elle avait une tumeur de la taille d'un pamplemousse sur un ovaire, et elle a été opérée il y a quatre semaines. Ta lettre est arrivée deux jours après son opération, je la lui ai apportée à l'hôpital pour lui faire une surprise. Grand succès : ça lui a bien remonté le moral, et ça l'a aidée à surmonter tout ça.

Aujourd'hui, elle est allée à l'hôpital pour son rendez-vous de suivi postopératoire. Le cancer n'avait pas encore métastasé, les médecins ont réussi à tout enlever pendant l'opération. Elle va avoir des rendez-vous tous les trois mois, mais pour le moment, elle est considérée comme guérie. Quel soulagement de ne plus avoir à craindre les effets dévastateurs du traitement et de la maladie sur notre maman chérie. Quelle joie ! Nous avons beaucoup réfléchi à tes lettres pendant ces deux mois si sombres et si préoccupants, et nous tenons à te remercier du fond du cœur pour ta gentillesse. J'espère sincèrement que tu reçois tout l'amour, la bienveillance et le soutien que tu mérites ! Nous avons réalisé que le monde est un endroit magnifique et qu'il faut chérir la vie, tout ça grâce à des actes de bonté comme les tiens !

Nous te souhaitons beaucoup d'amour.

Abbie

Xxxx

Écrire à Tanya, c'était comme écrire à ma propre mère. Maman déprime parfois, comme tout le monde. C'est facile de s'enliser dans la routine, d'avoir l'impression que tout va de mal en pis, surtout quand on est âgé et qu'on a déjà pris quelques coups. Ce que j'ai écrit à Tanya, j'aurais pu l'adresser à ma mère. Je veux qu'elle sache qu'elle est aimée et qu'elle a encore un rôle à jouer.

Ma mère est belle et pleine de bonté, comme Tanya. Ce n'est pas parce que les enfants quittent le nid que la vie des mères est finie. Le temps vient alors pour elles de ne plus s'inquiéter et de profiter de la vie. Il ne faut pas jeter les mères aux oubliettes quand leurs enfants ont grandi.

Et puis il faut vivre, pas seulement survivre. Quand on n'a pas eu de chance dans la vie, quand on a dû surmonter trop d'épreuves, on tombe facilement dans un état d'esprit où l'on fait tout par automatisme. Il ne faut pas se laisser aller. Quand les problèmes s'accumulent plus vite qu'on ne peut les régler, il ne faut surtout pas croire que c'est mérité ou inévitable, que la vie est ainsi. C'est faux : la vie peut changer en un instant. Les choses évoluent. Cela peut être une piqûre de tique qui vous fait prendre un long chemin tortueux, ou un inconnu rencontré dans un bar qui s'avère être l'homme de votre vie. Il faut croire au merveilleux. La vie, il faut la vivre, il faut la prendre à bras-le-corps. Les coups durs ne sont pas une fatalité, pas plus qu'ils ne sont mérités. Le monde est immense et il vous attend, vous avez tant de choses à y faire, que vous ayez 30, 50, 70 ou 100 ans. Demain, ça ira mieux.

Bonjour Jodi,
J'ai 32 ans et je suis franco-canadien, nous n'avons donc que la reine en commun. Je suis tombé sur ton histoire récemment, je n'en croyais pas mes yeux – la vie est vraiment injuste parfois. Ce qui me frappe le plus, c'est ta capacité à surmonter l'adversité et les défis, et à les utiliser de manière positive. Je ne suis pas dans ta situation, mais j'ai mes propres difficultés. Je me bats depuis des années contre la dysthymie, un problème neurologique qui peut être assimilé à une dépression chronique. Tu peux imaginer combien j'ai du mal à me motiver… Je suis presque tout le temps déprimé ces dernières années et j'ai dû me battre pour conserver mon travail, mes amis, et… ma vie.

Les histoires comme la tienne m'aident à tenir quelques jours de plus, quelques semaines, voire quelques mois. J'ai repris des études récemment pour essayer de changer de vie, mais j'ai énormément de mal à suivre. Je me retrouve de nouveau confronté à la dépression, au manque de motivation, d'estime et de confiance en soi. Tout ce qui a gâché ma vie jusque-là. Pourquoi aurais-je besoin d'une lettre de toi ? Parce que ce sont des histoires comme la tienne qui me poussent à continuer, qui me motivent pour me lever le matin et affronter la journée. J'ai besoin qu'on me dise et qu'on me montre qu'une lumière luit au bout du tunnel. Cette lumière, ce sont les gens comme toi. Je veux apprendre à faire fonctionner mon cerveau de la même manière que le tien. J'ai besoin de trouver de la force dans l'adversité, et de la motivation dans l'échec.

Tu reçois sûrement des centaines et des milliers de demandes. Il y a certainement plus malheureux que moi parmi tes correspondants… mais dans mon petit univers, recevoir une lettre de toi ferait toute la différence.

Merci d'offrir au monde ta gentillesse et ces petits bouts de toi.

Matt xx

Cher Matt,

Tu es incroyable. Quelle force ! Affronter chaque journée est une victoire quand on souffre de dépression. Tu es en train de gagner la bataille, Matt. La lutte est acharnée, il te semble parfois que la dépression prend l'avantage, mais elle ne te contrôle jamais. C'est toi qui tiens l'autre bout de la corde ! Les jours où tu te sens solide, tire fort et fais-la tomber dans la boue. Tu es plus costaud que tu ne le crois. C'est toi qui as le contrôle, tu sais. Répète-toi chaque jour que tu as droit au bonheur et à tout ce que la vie peut offrir. La dépression ne te vaincra pas, car tu ne la laisseras pas gagner. Il y a des gens qui t'aiment, tu n'es pas seul dans ce combat. Ton ciel gris s'éclaircira, le soleil brille toujours après la tempête, je te le promets. Je te souhaite une très belle journée, Matt.

Je t'embrasse,

Jodi

xx

Chacun lutte contre la dépression à sa manière, mais je peux m'identifier jusqu'à un certain point à ce que ressent Matthew. Pour moi, la dépression est un combat entre le côté rationnel, celui qui sait que ça va s'arranger, que les idées noires ne dureront pas et qu'il y a mille raisons d'aimer la vie – et le côté déprimé qui répète que tout est nul, que le ciel est plein de nuages noirs et que l'avenir est gris.

J'ignore si cette sensation de combat est commune à tous ceux qui souffrent de dépression. En ce qui me concerne, je lutte pour faire taire mon côté déprimé. Il y a des semaines où le côté rationnel l'emporte, d'autres où le côté déprimé revient en force. Plus on met par écrit ce qui est positif, plus on en parle, plus on se concentre sur le bon côté des choses, plus le côté rationnel étouffe le côté déprimé. Si j'étais en état de sortir plus souvent, je verrais plus de monde, ce qui aiderait mon côté rationnel à garder le dessus. Malheureusement, je suis coincée chez moi à cause de ma maladie ; je dois donc lutter toute seule, en écrivant.

Je pense que la dépression sera toujours présente dans ma vie et dans celle de Matt, en arrière-plan ; à nous de trouver les moyens de la maîtriser. Mon truc, c'est d'en faire un maximum autour des évènements heureux et de me focaliser sur les jolies choses – elles sont nombreuses, après tout.

Nous sommes tous capables de nous entraider en devenant la voix positive, la bonne voix de quelqu'un d'autre. Quand un ami passe une mauvaise journée, c'est tout simple de lui envoyer un SMS ou de lui laisser un petit mot pour lui rappeler qu'on pense à lui. Nous ne nous écoutons pas assez, nous avons donc besoin des autres pour nous rappeler que nous sommes exceptionnels.

Bonjour,
Je suis une fille de 17 ans et je me remets tout juste d'un trouble du comportement alimentaire, je m'occupe aussi de ma mère qui souffre de dépression. J'aimerais beaucoup recevoir une lettre pour me remonter le moral quand je suis triste, et quand j'ai besoin d'un petit sourire. Tu m'inspires beaucoup. J Je t'embrasse et te souhaite beaucoup de bonheur,
Grace x

Chère Grace,
C'est toi qui es incroyable ! Tu peux être fière de chaque jour gagné sur la maladie. La route est longue, mais tu parviendras au but – un jour, ton trouble alimentaire ne fera plus partie de ta vie. N'abandonne jamais, car rien n'est plus beau que de regarder en bas de la montagne que tu viens de gravir et de te dire « j'ai réussi ! ».

Tu as beaucoup de force en toi. Ta mère et toi menez chacune votre propre bataille en ce moment. Vous allez les gagner ensemble. C'est beau de faire équipe avec sa maman ! Tu es une très belle personne, Grace, et tu as un bel avenir devant toi. Ceci n'est qu'un mauvais moment à passer ! Tout va s'arranger, tu verras.
Je t'embrasse,
Jodi xx

Grace est impressionnante. Elle a déjà parcouru plus de la moitié du chemin. On dit qu'un trouble alimentaire ne disparaît jamais vraiment, et j'admets qu'il y a du vrai dans cette idée. Ayant moi-même souffert de ce genre de problème, je suis passée par ce stade, juste avant la guérison, où l'on a encore la tentation de ne rien manger ou de se faire vomir. Mais je peux affirmer qu'il arrive un moment où le trouble fait partie du passé. Il ne vous définit plus. Vous direz que vous *avez souffert* d'un trouble alimentaire, pas que vous en *avez* un. Lorsque j'étais sous l'emprise de la boulimie, je pensais que ce moment ne viendrait jamais. J'étais persuadée de rester boulimique toute ma vie. Je ne suis plus boulimique à présent. Cette montagne, je l'ai franchie, et j'ai repris le cours de ma vie. J'ai atteint le sommet de la montagne, j'ai regardé en bas et je peux affirmer aujourd'hui que je ne suis plus celle que j'étais. Grace aussi franchira cette montagne, j'en suis persuadée.

Quand j'écris aux gens, je leur envoie souvent des informations sur les groupes de soutien et les associations qui peuvent les aider en fonction de leurs problèmes. Pour les troubles alimentaires, notamment chez les jeunes, il existe une association qui s'appelle B-eat et qui autrefois m'a beaucoup aidée. Vous trouverez leurs coordonnées ainsi que celles d'autres organisations que je recommande à la fin de ce livre.

Salut Jodi,
J'aimerais beaucoup recevoir un peu de courage par courrier. Tu n'imagines pas à quel point ça me ferait plaisir ! J'ai des problèmes avec ma société. Je viens de la créer et ça représente beaucoup de boulot. Ce qui ne me fait pas peur, mais je crains les problèmes d'argent !
Je suis amoureuse d'un garçon qui me rend la vie dure et mon job à mi-temps vient de tomber à l'eau, donc c'est retour à la case départ !
Je sais que tu es très occupée à envoyer des lettres, ne t'inquiète pas si tu n'as pas le temps de me répondre. En tout cas, sache que c'est super ce que tu fais.
Je t'embrasse très fort,
Charlene

Bonjour Charlene,
Tout d'abord, je tiens à te féliciter pour ta nouvelle entreprise ! Bravo, tu dois être très heureuse et très fière. Évidemment que ça fait peur ! C'est un rêve important que tu réalises, et c'est bien parce que c'est un grand rêve qu'il te fait peur. Tu es pleine de force et de talent, Charlene, garde le cap et tu parviendras à destination. Ne t'inquiète pas ! Profite de ton nouveau petit royaume, et si ce garçon continue à mal se comporter c'est qu'il ne te mérite pas ! Tu es magnifique !
Jodi
XXX

Jodi,
J'espère que tout le monde pense à te répondre, c'est agréable de recevoir une réponse parfois. Merci beaucoup pour ma lettre. J'en avais vraiment besoin. Et... le mieux que je puisse faire, c'est de te souhaiter beaucoup de bonheur, de faire une petite prière pour toi, et de t'envoyer plein d'images d'animaux trop mignons sur Twitter !
Garde le sourire, tu es GÉNIALE !
Je t'embrasse
Charlene xxx

Lorsque j'écris mes lettres, je ne fais souvent que répéter aux gens des choses qu'ils savent déjà sans bien en avoir conscience. Répondre à Charlene n'était pas difficile : sa lettre était déjà tellement pleine de bonnes choses ! Je lui ai simplement rappelé ce qu'elle savait déjà. Elle m'annonce qu'elle vient de créer une entreprise, que cela représente beaucoup de travail, mais que ça ne lui fait pas peur : pourquoi ne s'en félicite-t-elle pas ? Ce qu'elle me raconte, elle devrait en être fière, mais elle met tout dans le mauvais ordre ! Elle a créé une entreprise : fantastique ! Elle y est parvenue malgré son jeune âge – impressionnant. Elle a tout pour elle, et si ce garçon la repousse, il ne mérite pas de faire partie de son aventure. On a parfois besoin qu'un autre nous dise ce que l'on sait déjà pour en prendre vraiment conscience.

Bonjour !
Quelle merveilleuse idée que ce projet. J'imagine que tu croules sous les demandes, mais si tu en as le temps, j'aimerais beaucoup recevoir une lettre. J'ai passé le week-end à m'apitoyer sur mon sort et à rêver d'un garçon (qui ne partage pas mes sentiments, hélas). Malgré toutes les chansons de Kate Bush rien à faire, je suis encore plus triste que Sad Sack dans les Raggy Dolls*. Bonne chance pour ton projet.
Tu es magique.
Charlie
:)

Salut Charlie !
Tu es une fille super qui ne se rend pas compte de ce qu'elle vaut. Si ce garçon n'est pas capable de réaliser à quel point tu es charmante, il ne mérite pas une miette de ton attention. Et charmante, tu l'es, il est temps de t'en persuader, Miss ! Ne gaspille pas ton amour avec quelqu'un comme lui. Efface son numéro, tout de suite ! Il te faut quelqu'un qui chérisse la magie qui est en toi. Un jour, ce quelqu'un viendra.
T'es super !
Je t'embrasse,
Jodi
Xx

* Dessin animé britannique.

Pour la merveilleuse Jodi,
Cela fait un moment que tu m'as envoyé ma lettre d'espoir. Je n'ai pas répondu tout de suite, mais ne va pas croire qu'elle ne m'a pas fait plaisir, bien au contraire. Tes mots gentils ont illuminé bien des journées (chaque fois que je relis ta lettre, je souris).
MERCI :)
Tu as quelque chose de magique, tu es une vraie source d'inspiration. Continue à faire ce que tu fais – c'est fantastique. Je te jure, tu ne te rends pas compte de la joie que tu apportes à tous ceux que tu rencontres ou à qui tu écris, et à ceux qui écoutent tes poèmes sur YouTube.
TU ES UNE STAR !
Je t'embrasse très fort et je te redis MILLE FOIS MERCI.
Bisous,
Charlie

P-S : Je t'envoie aussi un petit carré d'amour en tissu, histoire de t'en redonner un peu (n'hésite pas à le transmettre à d'autres si tu veux). :)
Et... une Worry Doll, c'est une petite poupée antisouci, faite à la main. Elle s'appelle Cariad (ça veut dire amour en gallois). Elle sait très bien écouter. Elle aime le reggae, les sèche-mains très puissants, les films en noir et blanc et un verre de sherry de temps en temps.
xxx

Charlie est adorable, c'est quelqu'un de très drôle. Sa lettre et ses cadeaux m'ont fait vraiment plaisir. Voici de ses nouvelles :

Salut Jodi,
Je t'avoue que j'ai continué à languir après mon clochard sexy (je l'appelle comme ça parce que je le trouve super beau, mais il a les cheveux en bataille et son visage a toujours l'air sale, même s'il ne l'est pas). Bref, un soir, vers Pâques, je me suis retrouvée dans le même pub que lui. On était tout un groupe. On s'est assis (heureusement, vu que j'étais prête à m'évanouir) et on a joué à un jeu. On a beaucoup ri, on a bu des bières, tout le monde s'amusait. Et cette nuit-là, avec mon clochard sexy, on est sortis ensemble. Hourra ! Mais hélas… il est parti vivre à l'étranger pendant cinq mois, et je doute qu'il se passe quoi que ce soit à son retour. Je le trouve toujours aussi génial, drôle et cool, mais je me suis rendu compte que je méritais mieux. Je crois que je suis plutôt amusante comme fille, et j'essaie d'être aussi gentille et attentionnée que possible. Ta lettre m'a donné la confiance en moi qui me manquait. J'ai encore les jambes en coton quand je le vois, mais je me sens plus solide et plus forte à présent.
Je suis vraiment fan de ton projet. Parfois il suffit de savoir qu'il y a quelqu'un quelque part qui vous écoute pour que les choses semblent moins graves.
Je te souhaite beaucoup de chance, tu le mérites !
Je t'embrasse,
Charlie xx

Je ne suis pas la seule à pouvoir m'identifier aux problèmes de Charlie. Moi non plus, je n'ai pas toujours confié mon cœur à quelqu'un qui sache en prendre soin – ou même à quelqu'un qui en veuille. Résultat : un petit cœur en mille morceaux. Alors quand je lis des lettres comme celle de Charlie, je sais quoi lui répondre. Je me souviens de ce que j'avais besoin d'entendre à l'époque : tu vaux mieux que ça, tu n'as rien à faire avec quelqu'un qui ne t'aime pas pour ce que tu es. Ne gaspille pas ton temps avec des gens qui n'en ont pas pour toi. Toutes les mamans le répètent, mais c'est vrai.

Bonjour Jodi,
Je m'appelle Sofie, je vis en Hollande et j'ai lu ton article dans le journal d'aujourd'hui. Quelle excellente initiative ! Je t'admire vraiment de faire tout ça malgré ta maladie. D'habitude, ce sont les gens qui souffrent de grosses migraines et de vertiges qui ont besoin d'encouragements ! Ce serait un grand honneur que de recevoir une lettre de toi. Je vais te dire pourquoi. Je viens de me séparer de mon copain, et je réalise soudain que je suis très seule. J'ai déménagé, et je me retrouve dans une ville où je ne connais personne, sans ami ni âme sœur. Je sais que c'est pathétique, mais la vérité, c'est que je passe mon temps toute seule dans mon appartement. Pas de fêtes, pas d'amour. J'essaie de rester positive en jouant de la guitare et en profitant des petites choses de la vie, mais c'est difficile quand on est triste. En plus il neige encore chez moi !

Une fois de plus, c'est vraiment bien ce que tu fais. Guéris vite !
Cordialement,
Sofie x
P-S : Si tu m'écris, je te répondrai !

Chère Sofie,
Tu es unique. Considère ce nouveau chapitre de ta vie comme une aventure. Tu me dis que tu te sens seule, tu ne l'es pas. Ça va être difficile de se réadapter à la vie de célibataire, mais ce n'est pas une mauvaise chose ! Tu as certainement des amis et des gens qui t'aiment. Ton âme sœur est là, quelque part, Sofie, tu ne l'as pas encore trouvée, mais elle existe, et ce sera quelqu'un de merveilleux. En attendant, apprends à t'aimer toi-même et à apprécier ta propre compagnie parce que tu en vaux la peine, Sofie ! Profite de la vie, tu le mérites !
Je t'embrasse,
Jodi
xx

Chère Jodi,
Quelle surprise que tu m'aies répondu, bien que je sois aux Pays-Bas ! Merci mille fois pour ta lettre d'espoir. Elle me fait encore de l'effet, et je suis bien contente d'avoir osé t'envoyer un e-mail. Ta lettre a une place spéciale dans ma chambre. Et

Là je suis en train de te faire une carte postale, j'espère qu'elle te plaira !
Tous mes vœux depuis les Pays-Bas…
Je t'embrasse,
Sofie
Xxx

Nous ne sommes pas toujours prêts à l'admettre mais, parfois, notre partenaire est notre équilibre, notre roc. On se sent forcément très seul lors d'une séparation, même si le couple allait mal, parce qu'on a tendance à oublier les mauvais côtés pour ne se rappeler que les bons. Quand l'autre s'en va, on traverse une période d'extrême solitude. J'ai ressenti cela quand je me suis séparée de Wil. Mais Sofie s'en sortira. C'est vrai que le temps fait des miracles, même si c'est difficile à croire sur le moment.

Au fur et à mesure des semaines et des mois, j'ai reçu et envoyé de plus en plus de lettres et d'e-mails. Des centaines et des centaines de courriers. C'était magique. On ne se rend pas compte de tout ce que les gens ont à dire : des histoires d'amour, de courage et d'espoir, des histoires qui restent ignorées faute d'être racontées.

Je découvrais dans mes e-mails des correspondants très divers, de la fille de 14 ans qui commence à s'automutiler à un groupe de femmes de mon âge dont la meilleure amie était morte du cancer. Des histoires de maltraitance, de solitude, de chagrin, de manque de confiance en soi, de stress avant un examen, de dépression, de longue maladie, d'âmes en peine, de cœurs brisés… Des êtres humains qui ont tout simplement besoin qu'on leur rappelle qu'ils comptent, et qu'ils en valent la peine.

Certains ne demandaient pas de lettre, juste une oreille attentive, tandis que d'autres avaient besoin de s'entendre dire non seulement qu'ils étaient merveilleux, mais que le monde ne serait plus le même sans eux.

Mes lettres peuvent donner l'impression que j'ai tout compris à la vie ; rien n'est plus faux. Il est bien plus facile de donner des conseils que de les suivre, mais il est vrai qu'à force d'écrire des lettres, et à travers mes diverses mésaventures, j'ai acquis un peu de compréhension et de sagesse qui, j'espère, pourront être utiles aux autres.

« One Million Lovely Letters » m'a appris que nous sommes tous très semblables, au fond. On nous donne l'impression de vivre dans des mondes parallèles, certains pays semblent n'exister que sous forme de désastres sur nos écrans de télévision. Mais en lisant les lettres désespérées de deux jeunes filles qui venaient de perdre leur mère, l'une dans le Surrey et l'autre au Ghana, j'ai cru entendre la même personne. Leur seule différence ? Les 5 000 km qui les séparent. Nous sommes tous connectés par l'expérience de la perte et du chagrin.

J'ai découvert que les gens qui me contactent n'ont pas grand-chose en commun : ils sont tous d'âge et d'origine différents. Il n'y a pas que des personnes isolées qui m'écrivent, je reçois également des messages d'hommes et de femmes d'affaires très entourés ; eux aussi ont besoin d'un peu de réconfort par courrier.

Je corresponds avec Betty, une dame adorable qui vit dans le Massachusetts. Elle a 86 ans et adore tout ce qui est britannique. Elle m'envoie des photos de son jardin, et elle a chargé sa fille Karen de me répondre parce que sa vue n'est plus ce qu'elle était.

Il y a aussi Halo, 1 an, qui n'a pas le droit d'ouvrir sa lettre avant ses 18 ans. Je lui ai décrit le projet et je lui explique que ses parents ont souhaité qu'elle soit la plus jeune de tous les participants. Ma lettre restera dans sa boîte à souvenirs jusqu'à ce qu'elle lui soit remise par ses parents.

J'ai constaté que nous sommes toujours trop prompts à porter un jugement. Sur Internet, j'étudie souvent les photos des gens qui me demandent des lettres, et je me fais parfois la réflexion qu'ils sont trop beaux pour être vraiment désespérés. Mais j'ai vite compris qu'un visage vous en apprend très peu sur le passé de son propriétaire.

J'ai créé le site onemillionlovelyletters.com pour aider les autres, mais il m'a aidée, moi aussi, plus que je ne saurais le dire. Je suis persuadée qu'il m'a sauvé la vie. Découvrir les problèmes et les angoisses des autres m'aide à accepter mes propres moments difficiles. Cela m'a redonné un but.

Plus j'entends les autres parler de leurs difficultés, moins je me sens seule. Cela peut sembler étrange, mais j'ai l'impression d'avoir créé la société mondiale des solitaires et des cœurs brisés. Comme si nous étions tous assis en rond dans un immense centre communautaire virtuel, à nous dire : « Tu sais quoi ? Moi aussi je ne me sens pas bien. » À force de répéter aux autres que tout va s'arranger, lentement mais sûrement j'ai fini par m'en persuader. Et si grâce à moi une seule personne a tourné le dos au précipice, alors j'aurai fait bon usage de mon passage sur terre. C'est pour cette raison qu'écrire des lettres ne me pèse jamais, même si c'est une responsabilité. Les gens ne demandent qu'un petit coup de pouce, après tout – c'est si facile de remonter le moral de quelqu'un. La seule difficulté est de trouver le temps de répondre à tout le monde, afin que chaque personne qui en fait la demande puisse recevoir une lettre. Sans oublier l'entretien du bureau de One Million Lovely Letters qui disparaît bien souvent sous les paillettes et les autocollants, sans compter sa fâcheuse tendance à manger les bouchons de stylo.

On me demande souvent comment je fais pour savoir quoi écrire. Mes lettres ne nécessitent aucun talent particulier. Si j'arrive à m'identifier aux autres, c'est parce que je me suis retrouvée au bord du gouffre pour de nombreuses raisons – longue maladie, pensées suicidaires, dépression, troubles alimentaires, deuil. J'ai souvent craqué, et je me suis toujours relevée. Je sais à présent que tout finit toujours par s'arranger. Il suffit simplement que quelqu'un vous rappelle que vous êtes aimé, et que vous n'êtes pas seul.

CHAPITRE 8

LA VIE CONTINUE...

24 septembre 2013

Sam,

Ce soir, lorsque tu es parti pour la dernière fois, j'ai cru que tu reviendrais me dire que cette rupture était ridicule, que j'étais plus qu'une maladie, que cela valait la peine de se battre pour sauver notre relation. Je t'aurais laissé revenir – ce soir, j'aurais accepté de m'endormir dans tes bras sans m'inquiéter du lendemain. Je me fiche du lendemain, là maintenant. Donne-moi la main une dernière fois et faisons semblant qu'il n'y a qu'à s'aimer, que l'amour se suffit à lui-même. Pas besoin d'être forts, ce soir notre amour est léger, pas d'angoisses, pas de médicaments, pas de sieste obligatoire. Je te laisserai avoir raison ce soir, je te laisserai en placer une, et deux et trois, tant que tu voudras. Le lit me semble immense. Il n'est pas si grand que ça pourtant mais, ce soir, on y mettrait des galaxies – comme celles qui nous séparent. Ce soir, je suis en pays inconnu. On échange des petits riens par texto parce qu'on n'arrive pas à vivre l'un sans l'autre. « Les deux moitiés d'un tout », voilà un cliché qui m'a toujours horripilée, mais nous formions un tout, toi et moi, même s'il avait des fissures. J'ai pleuré sept fois aujourd'hui – pas de gros sanglots, non, juste de petites crises de larmes. Un, quand la serveuse du café m'a offert un gâteau noix de coco-citron gratuit. Deux, quand les voisins m'ont apporté des fleurs. Trois, en appelant les impôts locaux pour les avertir que tu étais parti – le monsieur m'a répondu que j'avais l'air trop jolie pour qu'on me quitte. Quatre, la visite d'une amie qui m'a fait craquer, parce qu'il y a des gens devant qui on peut se laisser aller. Cinq, parce que Treacle n'est pas venue quand je l'ai appelée : je me suis retrouvée en train d'expliquer en criant à un chat (qui n'écoutait pas, d'ailleurs) que ce soir j'étais trop triste pour qu'elle me fasse enrager. Six, devant la bouilloire, quand j'ai tendu la main vers la tasse que maman t'avait donnée, avec les instructions dessus pour faire un bon thé. Tu as encore des efforts à faire sur ce plan-là, d'ailleurs. Sept, à cause d'un rebondissement beaucoup trop émouvant dans l'émission *The Fried Chicken Shop** à la télé. En bonus, quelques larmes ont coulé sur mes joues à la caisse de l'Asda**, quand à la radio ils ont passé d'affilée « Out of

* Émission de téléréalité sur l'univers d'un fast-food.

** Chaîne de supermarchés.

reach » de Gabrielle et « Too lost in you » des Sugababes.
Le lendemain matin, tu m'envoies un texto pour me dire que tu passeras chercher ton passeport vers midi. Du coup je me lève, je mets ma barrette « cœur », un peu de rouge à lèvres et du mascara, histoire de te rendre les choses un peu plus difficiles. Je rajoute du blush pour éviter de ressembler à une morte et je descends. À 12 h 05 je suis prête, une tasse de thé à la main, plantée devant la télé pour ne pas avoir l'air de guetter ton arrivée. Nouveau message de toi : « Je serai là vers 14 heures. »
Je remonte, je me douche et je recommence à zéro. L'idée de pleurer sous la douche, ou sous la pluie, a quelque chose de profondément désespérant. Alors je n'ai pas pleuré, j'ai juste continué à être triste. Je ne cesse de me répéter qu'il est physiquement impossible que mon cœur tombe de ma poitrine, même si c'est vraiment ce que je ressens. J'ai cette douleur permanente dans la poitrine, dans le ventre, ça va passer – à ce qu'il paraît, si tout va bien, un jour peut-être, on verra.
Ce soir, je me suis abonnée à « photos adorables », « urgences mignonnes » et « minianimaux » sur Twitter. Là, je suis en train de chercher des images de carlins déguisés en côtes de porc dans l'espoir qu'elles me remonteront le moral.
Mais pour le moment j'ai juste mal, vraiment.
Jodi x

Parfois on se retrouve à dire des mots que l'on n'aurait jamais imaginé prononcer – ou à les écrire, dans mon cas. Nous nous sommes séparés, Sam et moi. Nous l'avons fait pour de bonnes raisons, ce qui n'a pas empêché les premiers jours d'être extrêmement pénibles. Malgré cela, j'ai résisté à la tentation des SMS nocturnes, j'ai refusé de m'effondrer sans bruit. Je lui ai simplement écrit. Cette lettre, je n'avais pas l'intention de l'envoyer ou de la montrer à quiconque, mais il fallait que je l'écrive. Parmi tout ce que m'ont enseigné mes nombreux correspondants, j'ai appris qu'il suffit parfois de coucher sa peine sur le papier pour avoir le cœur un peu moins gros.

26 septembre 2013

Sam,
J'ai l'impression d'avoir reçu un coup de pied dans le ventre aujourd'hui, j'en ai eu le souffle coupé toute la journée. J'essaie de trouver des chansons assez puissantes pour me rassurer, des chansons qui me disent que ça va passer. Assise par terre dans la cuisine, j'ai regardé maman diviser notre étagère à épices en deux. Quand elle m'a demandé à qui était l'anis étoilé, j'ai prétendu que c'était à moi, alors que je ne sais absolument pas ce que c'est. J'ai tenu le flacon entre mes mains quelques minutes, juste comme ça, puis je l'ai rangé dans ton carton, entre trois tasses et des tas de bouteilles de vinaigre balsamique. Tu en possèdes d'énormes quantités.

Cela semble idiot de les empaqueter mais je ne m'en servirai pas, et je ne veux pas passer pour la fille rancunière qui jette toutes les bouteilles de vinaigre de son ex par pure méchanceté.
Tu m'envoies un message : « Comment se passe ta journée ma chérie ? »
Je passe des heures à me demander quoi répondre.
La nuit tombe de nouveau, et tu tiens dans six cartons, huit sacs et six boîtes en plastique pleins à ras bord, remplis de petits bouts de toi.
Le lendemain, j'ai mis le gaz et l'électricité à mon nom. Ils n'avaient pas forcément envie de savoir pourquoi je me retrouvais seule occupante de la maison, mais je leur ai dit quand même. Ramanpreet, à la compagnie du gaz, m'a parlé si gentiment que je l'ai suppliée d'arrêter, ça me donnait trop envie de pleurer ; ce à quoi elle a répondu : « Non, ne pleurez pas ou je vais m'y mettre à mon tour ! » Je crois qu'elle avait ses raisons, elle aussi. Elle m'a passé un monsieur, un certain Jon, à qui elle m'a décrite comme « une gentille dame » pendant que je patientais, et avant de raccrocher, elle m'a promis que tout allait s'arranger. Je sais bien que je finirai par aller mieux, mais elle l'a dit si gentiment que ça m'a tout de suite rassurée. Jon a dit : « Allez faut que ça gaze, un de perdu, dix de retrouvés », avant de me souhaiter bonne chance. Il a dit aussi : « Ce sont les premiers jours qui sont les plus durs, il faut

se cramponner. » Je me cramponne et je tiens le coup, la plupart du temps.
Tallulah m'a apporté une demi-souris tout à l'heure et j'ai pleuré parce qu'elle était morte et que normalement tu m'en aurais débarrassée, encore une preuve que tu n'es plus là.
Jodi x

28 septembre 2013

Sam,
Je n'ai pas eu besoin d'ajuster la tête de douche ou la température aujourd'hui. C'était un matin d'adieux. J'ai ramassé les derniers morceaux de toi et je les ai rangés dans leurs cartons, sans pleurer. C'est bizarre – toute la semaine j'ai eu cette douleur en moi, nouvelle, inconnue, différente de mes anciens chagrins d'amour. Je ne suis plus la même à présent.
La fois où mon frère s'est démis l'épaule, il a fallu la lui remettre. Il a eu très mal sur le moment mais ça n'a pas duré ; si on n'avait rien fait, il aurait eu l'épaule démise toute sa vie. Il aurait eu mal, ça l'aurait empêché de faire plein de choses. Je crois que pour nous, c'est pareil. Quand je me suis réveillée, je n'étais ni triste ni en colère, il n'y a aucune raison de se mettre en colère. Ça ne servirait à rien : il y a des batailles que personne ne gagne, des coups donnés qu'on ne peut pas

rattraper. Ce qu'on perd dans ces moments-là reste perdu à jamais.

J'ai déjà eu le cœur brisé mais, cette fois, c'est comme si nous nous étions évité l'un à l'autre de vivre avec une épaule démise. L'idée m'a fait rire, puis sourire. Et j'espère qu'où que tu sois tu souris aussi.

Je t'embrasse,

Jodi x

Techniquement mon cœur devrait être en mille morceaux à l'heure actuelle, mais ce n'est pas le cas. Selon les lois de Jodi, je devrais être effondrée, en train d'inonder mon fiancé de SMS pour lui dire que je l'aime et qu'il faut trouver une solution. Je devrais être en train de racler le fond du pot de crème glacée parfum « cookie dough », tout en gémissant au son de l'album *21* d'Adèle – lequel devrait, par les lois de Jodi, être l'hymne de cette rupture, tout comme il fut l'hymne de la rupture précédente. Je devrais être dans un état pitoyable.

Mais en fait non, ça va, finalement. Et quand je dis « ça va », je ne parle pas du « ça va » que l'on prononce les yeux humides, la lèvre inférieure toute tremblante (si possible en rythme avec la chanson *« Total eclipse of the heart »*), le « ça va » qui rejette toute forme de contact physique, car ce serait la goutte d'eau, l'instant de chaleur humaine qui suffirait à vous faire craquer. Je ne suis absolument pas dans cet état-là. Effectivement, au début, j'ai eu du mal à m'en remettre, mais c'est parce que je réalisais que j'allais me retrouver seule avec quatre bébés à charge ! Des bébés à fourrure, d'accord, mais des bébés quand même.

En réalité, je me sens coupable de ne pas m'être effondrée. Tout de même, au bout d'un an et demi, au nom de notre relation, je me dois de faire une sorte de minidépression nerveuse pour que tout cela ait du sens, non ? Mais non, pas de dépression – je tiens le coup. Je pense même que j'en connais la raison : depuis un an, ma boîte mail déborde de messages, des tas de gens m'écrivent pour savoir si ça va s'arranger et je leur réponds que oui, ça va s'arranger, car j'en suis sincèrement persuadée. Qu'il s'agisse d'un cœur brisé ou d'une semaine difficile, un par un nous nous remontons mutuellement le moral avec nos lettres. Je ne m'attendais pas à recevoir tant de mots de remerciement, tant d'e-mails de la part de mes correspondants, mais grâce à ces jolis messages je réalise que le projet fonctionne et que même mes moments les plus noirs ont une fin. On pourrait presque dire qu'il a fallu un effort international pour que, cette fois, mon cœur reste entier.

Il est clair à présent pour moi que nous éprouvons tous des chagrins similaires : peines de cœur, perte, maladie, dépression, deuil. J'ignore ce que c'est que de vivre dans une zone de guerre, en revanche je sais ce qu'est un chagrin d'amour – le sentiment est le même dans le monde entier. Quand je me suis séparée de Sam, j'ai constaté que beaucoup de gens comprenaient ce que j'éprouvais. J'ai donc continué à écrire mes lettres et à croire en la gentillesse des inconnus, et toutes ces lettres d'espoir ont contribué à réparer mon cœur brisé.

♥

De nombreuses personnes ont proposé de participer à l'écriture des lettres. Dès le début, tous ceux qui m'ont contactée avaient en commun l'idée que nous pouvons « donner d'avance », de manière désintéressée, que chacun d'entre nous peut devenir cette force positive, ce rayon de soleil qui manque dans la vie de quelqu'un d'autre. L'idée plaît aux jeunes comme aux vieux. Betty et sa fille Karen, qui vivent aux États-Unis dans le Massachusetts, m'ont même envoyé une superbe boîte de papiers colorés pour que je puisse écrire davantage de lettres. Elles ont toutes les deux très envie de rejoindre le projet.

D'autres personnes inventent des utilisations pour mes lettres auxquelles je n'aurais jamais pensé. Depuis que je suis malade, je passe des heures dans les salles d'attente des médecins, ce qui n'a rien de réjouissant. Jusqu'à ce que je tombe dans un e-mail sur cette brillante idée :

> Salut !
> J'ai lu ce que tu avais posté sur ton blog. Je me demande si tu pourrais écrire une lettre que je mettrais dans la salle d'attente du cabinet médical où je travaille (ne mentionne pas que c'est un membre du personnel qui a demandé la lettre, je pourrais avoir des ennuis). Nous comptons parmi nos patients beaucoup de personnes âgées et vulnérables, des femmes notamment, et je sais que cela leur ferait beaucoup de bien de lire une lettre amicale et positive au lieu de tous ces vieux numéros de Take a break et Heat* qu'on nous donne. Beaucoup sont très seules et en mauvaise santé (mentalement et physiquement), elles auraient bien besoin de quelques mots de réconfort et de soutien.

* Tabloïds anglais.

Si tu pouvais écrire plusieurs lettres, ce serait encore mieux (comme ça je pourrais remplacer la première, car je suis sûre que celui ou celle qui la trouvera voudra probablement la garder), mais si tu n'as pas le temps, ne t'en fais pas.
Peux-tu les envoyer à mon adresse personnelle, s'il te plaît ?
Cath
Merci mille fois ! Ton projet est merveilleux. J
X

On est souvent nerveux dans une salle d'attente de médecin. Les gens ne se parlent pas vraiment. Ils sont là pour des raisons tellement différentes : du simple rhume aux résultats de l'examen le plus angoissant de votre vie. Je trouve que le silence fait peur. Parfois, on voudrait que la personne assise à vos côtés vous demande juste comment vous allez. Ce n'est jamais drôle d'attendre des résultats, j'ai donc pensé qu'une jolie petite lettre d'espoir ferait des merveilles.

Bonjour vous !
Oui, vous ! Un des employés de ce cabinet m'a demandé de rédiger cette lettre à votre attention, afin de vous rappeler que vous êtes quelqu'un d'exceptionnel – on a trop souvent tendance à l'oublier. Je sais que vous n'êtes pas au meilleur de votre forme, mais avec un peu de chance ce petit mot vous aura fait sourire, ne serait-ce qu'un instant.
Vous avez besoin de récupérer. Tant de perfection en permanence, cela doit vous demander beaucoup d'efforts ! Vous méritez bien l'amour et l'estime que

l'on vous porte, et au nom du monde entier je vous annonce que nous sommes très impatients de vous voir guérir.
Je vous souhaite une excellente journée.
Amitiés,
Jodi

Jodi,
Merci pour tes lettres d'espoir ! Voici quelques timbres pour que tu puisses en envoyer à d'autres. :)
Prends soin de toi,
Je t'embrasse,
Cath
X

Les e-mails ne cessaient d'affluer. Ils me changeaient les idées et me tenaient compagnie les jours de cafard. Parfois, il y en avait tellement plus que prévu que je ne parvenais pas à garder le rythme. À un moment, je me suis retrouvée avec plus de 700 demandes dans ma boîte mail. Beaucoup me demandaient d'envoyer des lettres à quelqu'un d'autre – nous sommes plus généreux qu'on ne le pense !

Salut Jodi,
Je m'appelle Lee. J'aimerais bien recevoir une lettre, ce n'est pas pour moi mais pour Meg, ma petite amie. Elle est enceinte de huit mois, le bébé va bien mais elle, non. Elle est presque tout le temps fatiguée et elle a mal partout, elle

se sent moche, bien que je lui répète tous les jours qu'elle est magnifique et que je l'aime. Sa grossesse est difficile et tout lui pèse, en ce moment.
Une lettre de toi lui remonterait bien le moral !
Je trouve que ce que tu fais est incroyablement généreux, le monde serait plus beau s'il y avait plus de gens ouverts comme toi.
Merci encore.
Lee

Chère Meg,
Félicitations ! Il paraît que tu vas très bientôt devenir maman. J'espère que ton dernier mois de grossesse se passera vite et bien ! Tu es magnifique, Meg, et ton ami trouve que tu es la femme la plus adorable de la terre. Il a raison, en plus ! Je sais que c'est dur pour toi en ce moment, mais je te promets que ça va passer. C'est complètement normal d'être épuisée, tu transportes un autre être humain en permanence. Il ou elle est un trésor, bien sûr, mais je devine qu'il ou elle est aussi super lourd et qu'il ou elle te fatigue énormément. Courage, c'est la dernière ligne droite, et tu seras une super maman. Il y a plein de gens qui t'aiment, Meg, et vous allez former une équipe formidable tous les trois.
Je vous souhaite beaucoup de bonheur, à toi et à ton équipe.
Je t'embrasse,
Jodi x

Quelque temps après, Meg a posté ce commentaire sur mon site Web :

Bonjour Jodi,
Il y a deux mois, j'étais clouée au lit quand mon copain m'a tendu une lettre qui venait d'arriver par la poste. Je ne savais pas qu'il t'avait écrit pour te dire que nous attendions notre premier enfant, que ma grossesse était difficile, que j'avais été très malade, bref que j'avais vraiment du mal avec tout ça. Ta lettre m'a fait pleurer des larmes de joie, et je l'ai gardée sur moi jusqu'au terme. La lire me remontait le moral quand j'étais malade, et même maintenant, quand j'ai peur de ne pas être une bonne mère et que je doute de moi, je la relis. Ce que tu fais est génial, c'est fantastique de pouvoir redonner le sourire à quelqu'un avec une simple lettre. Merci beaucoup pour la mienne. Je l'ai rangée dans la boîte à souvenirs de ma fille pour qu'elle puisse la lire quand elle sera plus grande, et pour qu'elle sache qu'il y a des gens merveilleux dans ce monde, des gens comme toi.
Meg

C'est ce genre de réponse qui me fait penser que ce projet en vaut la peine.

Chère Jodi,
Pourrais-tu envoyer une lettre à ma mère, Karen ? Elle n'a vraiment pas le moral en ce moment et je voudrais qu'elle sache que nous l'aimons très très très très très (x l'infini) fort.
Ellie

Chère Karen,
Tu es FORMIDABLE et, grâce à toi, le monde est PLUS BEAU. Bravo pour tes filles, tu les as vraiment réussies. Elles T'ADORENT. Si elles sont si heureuses, c'est grâce à tes efforts – tu es une mère FANTASTIQUE. Mais il est temps à présent de t'occuper de toi. Il te reste beaucoup à faire, Karen. Ton mari trouve que tu es LA MEILLEURE – et c'est vrai ! Tu fais passer le monde entier avant toi. Écoute le monde entier, il te dit : « À présent c'est ton tour, Karen. » Tu as le meilleur des copilotes et il rêve de partir à l'aventure avec toi. Tout est entre tes mains, ma belle – chaque jour, fais une petite chose rien que pour toi.
Je t'embrasse,
Jodi
xx

Je prends beaucoup de plaisir à écrire des lettres aux mamans, c'est comme si j'écrivais à la mienne. J'ai la meilleure maman du monde et il m'est difficile d'exprimer tout ce qu'elle représente pour moi, c'est pour cela que j'apprécie de pouvoir faire des compliments aux mamans des autres. Je crois qu'Ellie éprouve les mêmes sentiments envers sa mère, tout comme cette dame qui m'écrit :

Chère Jodi,
Je ne pense pas mériter une de tes lettres, car j'ai la chance de mener une vie très heureuse ; j'ai un mari merveilleux

et une fille adorable. Mais en écrivant ces mots, quelque chose me fait réfléchir. La plus grande joie de ma vie est aussi la cause de mes plus grandes peines. Ma fille Ella a 9 ans, et tu te souviens peut-être comme moi que les petites filles ne sont pas toujours très gentilles. Les filles de sa classe ont été très méchantes avec elle récemment, et bien qu'elle nous en parle et qu'elle n'ait pas l'air trop perturbée (nous l'avons élevée pour qu'elle soit forte et sûre d'elle), je me fais beaucoup de souci. C'est ma petite fille à moi, mon bébé ! Je voudrais la protéger du monde entier, je voudrais que chacune de ses journées ne soit que sourires et joie. Mais ce n'est pas ça la vie, et on dirait que ma fille l'accepte plus facilement que moi. Je lui dis qu'on ne reste pas enfant éternellement et qu'une fois adulte ce genre de chose ne se reproduira plus, mais nous savons bien que ce n'est pas vrai. Jusqu'à ma mort, je me ferai du souci pour elle et pour son bonheur. Personne ne vous prévient de tout ça quand on veut avoir un enfant !
Merci mille fois Jodi.
Caroline

Cette lettre a vraiment fait écho en moi, à cause de ce que ma mère a dû ressentir quand je me suis fait harceler au même âge. Je me souviens encore d'avoir pensé que maman était un superhéros, car quoi qu'il arrivait elle trouvait toujours le moyen de me remonter le moral. J'ai voulu que Caroline sache qu'elle aussi serait le superhéros de sa fille Ella.

Chère Caroline,
Tu as l'air d'être une super maman. Bien sûr que tu ne peux pas protéger Ella de tous les dangers, mais

t'avoir à ses côtés vaut toutes les armées du monde. Tu ne sauras sans doute jamais à quel point tu es importante à ses yeux – mais tu voudras mener ses batailles à sa place, ramasser les miettes, recoller les morceaux et la remettre d'aplomb. En lisant ton e-mail, je ne doute pas que tu feras tout ça très bien. Tu seras son alliée, son amie et la meilleure maman du monde. Ne sois pas trop dure avec toi-même, Charlie. Continue comme ça, c'est parfait. Elle a beaucoup de chance d'avoir une mère comme toi.
Je t'embrasse,
Jodi

Salut Jodi.
Bon, j'avoue, je suis malheureuse et voilà pourquoi.
Je reviens tout juste d'un voyage de deux mois en Sicile. Je n'avais jamais été aussi heureuse de ma vie. Mais depuis mon retour en Angleterre, dans la pluie et le froid, je ne me sens plus chez moi. La langue italienne me manque énormément, le soleil, la nourriture, les gens… Et puis ça craint d'être rentrée maintenant parce que tous mes amis ont pris une année sabbatique, du coup ils sont partis en voyage et, franchement, je n'ai plus aucun ami. Ceux qui font des études aussi sont absents, ils sont retournés à l'université. L'idée de rester dans ce pays humide et froid m'attriste, mais je ne peux rien y faire. Pour partir il faut de l'argent, et pour en avoir il faut travailler. Ici. En Angleterre.

Ça a l'air vraiment bien ce que tu fais. Je suis heureuse qu'il y ait des gens comme toi sur terre.
Beth xx

Je crois aux grandes aventures, je crois qu'il faut en vivre le plus possible et le plus longtemps possible, afin d'apprendre un maximum de choses sur notre vaste monde et sur les gens qui le peuplent. Mais après avoir exploré de nouveaux territoires, on est parfois déçu en revenant chez soi. Quoi qu'il en soit, le moment idéal pour les aventures, c'est lorsqu'on est encore libre de tout engagement. Je voulais que Beth réalise qu'être rentrée ne l'empêchait pas de repartir. Ses amis sont tous à l'université ? Parfait ! C'est l'occasion de partir et d'accumuler du savoir et des expériences ailleurs, et de rencontrer des gens venus du monde entier.

Chère Beth,
Pars à la recherche de ton petit coin de ciel bleu. Travaille un peu ici, laisse passer Noël, puis commence l'année avec une liste des endroits où tu vas aller – ça ne coûte rien à faire. Rien ne peut t'arrêter puisque tu es libre et sans attaches, c'est ça qui est merveilleux – il y a de quoi être enthousiaste. Gagne assez d'argent pour partir et t'installer dans un endroit qui te plaît, travaille et continue comme ça aussi longtemps que possible, aussi longtemps que tu en auras envie. Tu vas te faire des amis tout autour du monde, ta vie sera remplie d'histoires et de rires – continue, continue tant que tu y trouves ton bonheur. Tu as droit au

bonheur ! Ton séjour en Angleterre, c'est uniquement pour te ravitailler, recharger tes batteries et remplir ton porte-monnaie – fais ça, et le monde s'offre à toi. C'est passionnant !
Je t'embrasse,
Jodi

Chère Jodi,
Je te trouve incroyable. Quelqu'un a mentionné ton nom sur Twitter et j'ai du mal à croire que je ne te découvre que maintenant, parce que moi aussi j'écris des lettres tout le temps. J'écris aux gens pour leur remonter le moral, ou quand j'ai le moral dans les chaussettes. Parfois je m'écris à moi-même – enfin, souvent même – pour mettre mes sentiments au clair, souvent aussi j'écris aux autres pour leur expliquer ce que je pense d'une situation, pourquoi je suis en colère, ou pour leur raconter ce que j'ai fait. Mais je ne leur envoie presque jamais mes lettres, parce que j'ai peur de leur réaction si je leur disais ce que je ressens vraiment. Je garde aussi toutes les lettres que je reçois (il n'y en a pas tant que ça). Je les relis quand j'ai le cafard, ce qui arrive assez souvent ces temps-ci. C'est ma dernière année de A-levels*, et le stress, l'angoisse et la déprime me rattrapent à grands pas. L'année prochaine, j'espère pouvoir intégrer le King's College à Londres pour devenir médecin, mais pour le moment j'ai vraiment le blues. J'ai besoin d'encouragements. Oh non, voilà que ça recommence, je tourne en rond… Bref, en tout cas je voulais que tu saches

* Équivalent du baccalauréat.

que ce que tu fais est magique, et que j'aimerais vraiment vraiment vraiment recevoir une de tes lettres d'espoir.
Le monde a besoin de plus de Jodi Ann Bickley !
Bisous,
Lucy xo

Chère Lucy,
Un petit message pour te rappeler que tu comptes beaucoup, toi aussi. Vraiment. On a tendance à minimiser ses propres problèmes, pourtant ils sont importants, ma jolie. Tu as de belles choses devant toi et tes rêves t'appartiennent. Laisse-toi envahir par le plaisir de les réaliser, plutôt que de céder à tes doutes. Mets-les à la poubelle, ces doutes, ils ne t'apportent rien ! Tu es exceptionnelle, Lucy. Montre au monde entier que tu es quelqu'un de magique !
Je t'embrasse très fort,
Jodi
P-S : Tu seras un médecin fantastique.

Comme Lucy, s'écrire une lettre à soi-même est un excellent moyen de travailler sur nos soucis. La réponse à nos problèmes est souvent cachée en nous, et nous ne la distinguons plus. Mettre tout cela par écrit permet de se concentrer sur la situation et de la résoudre. Parfois, il n'y a pas de solution, mais coucher ses problèmes sur le papier est une bonne manière de les mettre à distance.

Chère Jodi,

J'étais sur le point de t'écrire pour te demander une lettre d'espoir (je suis amoureuse d'un garçon qui part à Columbia dans douze heures et je ne pense pas que ça me laisse le temps de le convaincre de rester). Mais après avoir lu ta description sur le site, mes soucis m'ont semblé dérisoires. Les lettres, ce n'est pas mon fort, mais *j'adore* envoyer des cartes postales, alors si tu veux que je t'en envoie une *rien que pour toi* donne-moi ton adresse. :)

Sian

Bonjour Sian,

Tu lui as dit ? J'espère qu'il sait à quel point tu l'aimes – il reviendra ! S'il est parti pour de bon, Columbia n'est pas si loin en avion – vas-y, va chercher ton amour. Il a de la chance de t'avoir ! N'oublie pas que tu vaux la peine qu'on revienne pour toi, Miss ! Tu es adorable. Tes problèmes sont tout aussi importants que ceux des autres – et notamment les miens. Tout est relatif. On me l'a assez répété pour qu'à mon tour j'essaie de t'en convaincre. L'amour vaut la peine qu'on supporte ce genre de passage à vide, les bons moments n'en seront que meilleurs. Vas-y ma belle, lance-toi, réserve un billet d'avion pour Columbia (ou envoie-lui un message, au moins, à ce garçon). Je te souhaite une très belle journée, ma jolie.

Jodi xx

Chère Jodi,
Merci mille fois pour la plus belle des lettres d'espoir. Ce que tu fais est fantastique ! Ça doit être agréable d'écrire tous ces jolis mots en sachant qu'ils feront sourire quelqu'un. Bonne chance pour la suite !
Merci encore, je t'embrasse,
Sian
xxx

Devinez la suite !

Salut Jodi,
Je t'avais envoyé un message parce que mon copain rentrait à Columbia. Eh bien… tu avais raison ! On est restés en contact et il revient ! En juillet ! Pour du boulot ! Et pour toujours ! Enfin non, pas pour toujours mais… jusqu'à sa prochaine idée. Ta lettre était merveilleuse et je crois vraiment en ton projet. C'est génial de faire ça. J'ai travaillé comme psychologue avec des personnes atteintes de lésions cérébrales acquises (c'est ce que tu as, non ?) alors quand tu parles de « jours où ton cerveau te laisse tomber », j'ai une petite idée de ce à quoi tu fais référence.
Je t'embrasse, et merci 10000000000000000 fois.
Sian xxxxx

C'est donc vrai que les choses s'arrangent ! Pas toujours, mais assez souvent pour rester optimiste.

Une de mes activités favorites a été de diriger un atelier d'écriture de lettres d'espoir avec une classe d'enfants de 8 et 9 ans. Ne vous inquiétez pas, je ne leur ai pas parlé des problèmes des grands, je leur ai juste expliqué que certains adultes avaient besoin qu'on leur remonte le moral, et que c'était à eux de s'en charger. C'était super de travailler sur mon projet avec des enfants. Je me suis reposée toute une semaine pour être bien prête, et je leur ai apporté un immense sac de paillettes et de jolis papiers. L'âme de One Million Lovely Letters transparaissait à travers les lettres des enfants. Je leur ai demandé d'être gentils et ils ont fait preuve de gentillesse, simplement, sans poser de questions. Ils n'ont pas éprouvé le besoin de savoir grand-chose au sujet des gens à qui ils écrivaient, et se sont mis au travail avec pour seul but de faire sourire leur correspondant – qui que ce soit, et quelle que soit la raison de sa tristesse. Avec deux classes différentes, pendant deux heures, nous avons donc écrit des lettres à des gens qui avaient besoin d'un sourire, parce que c'est tout simple, finalement.

Nous avons commencé par Kirsty, qui avait vraiment besoin qu'on lui remonte le moral :

> Bonjour Jodi,
> L'homme qui partageait ma vie vient de me quitter sans prévenir.
> Après des années de vie commune, dont un chat et un appartement à deux, il est parti d'un seul coup. Pire, même : il a rompu avec moi, il n'est pas rentré à la maison, et il s'est installé dans le lit d'une fille que je connais. Et puis il est revenu en disant que je lui manquais, et il a

couché avec moi avant de changer d'avis de nouveau. En tout, il a mis deux mois à se décider, en me criant après dès que je pleurais, à me dire de passer à autre chose, avant de partir enfin pour de bon.

Mon appartement est devenu le sanctuaire en ruine de mon amour perdu. Je vis dans une ville que je déteste, je n'y étais venue que pour le rejoindre. Lui, il est rentré à Londres. Je n'ai personne, et je n'ose pas sortir de chez moi de peur de rencontrer cette fille. Elle est vraiment mauvaise. On était vaguement amies sauf qu'elle a cinq ans de moins que moi. Maintenant elle ricane quand elle me voit, elle me dit « j'ai gagné ». Je ne supporte pas de la voir. Je me sens toute petite quand elle est là. Je ne parle à personne. J'ai perdu toute ma confiance en moi, j'ai oublié jusqu'au son de ma propre voix. Je me suis mise à parler à mon chat comme si c'était ma seule amie, parce que c'est vraiment ce que je ressens en ce moment.

J'ai juste envie d'un contact avec le monde extérieur.

Merci.

Kirsty

Voici ce que j'ai répondu à Kirsty :

Chère Kirsty,

Tu ne te rends pas compte de ta valeur et de ta beauté. C'est normal, d'ailleurs, laisse ça aux gens qui t'apprécient. Ils sont la preuve vivante que ce que tu fais est bien, que tu n'as rien à changer. Même ce qui t'agace en toi leur plaît. Il y a des gens qui t'aiment, qui trouvent que tu es exceptionnelle,

essaie d'écouter la majorité – et non cette petite voix qui te rabaisse en permanence.
Tu vaux tellement plus que ça.
Je t'embrasse très fort,
Jodi x

Et voici ce que certains des enfants ont écrit à Kirsty. (J'insiste : je ne leur ai pas lu la lettre, je leur ai seulement dit qu'elle avait besoin qu'on lui remonte le moral.)

Chère Kirsty,
Je sais ce que c'est que de passer une mauvaise journée. Tu devrais t'asseoir un petit moment et essayer de voir le verre à moitié plein au lieu de le voir à moitié vide. Rappelle-toi que tout va s'arranger. J'ai écrit cette lettre pour que tu puisses la garder sur toi si tu passes une mauvaise journée. Tu es SUPER, ne l'oublie pas.
De la part de :
Scarlett x

Bonjour Kirsty,
Comment ça va aujourd'hui ? Je sais que tu n'as pas le moral, mais ça arrive à tout le monde, alors souris et n'oublie pas que tu es quelqu'un de bien.
Je t'embrasse,
Fran
P-S : J'ai 9 ans.

Chère Kirsty,
Tu es géniale et tu es la meilleure. Je souhaite que tous tes rêves deviennent réalité.
De la part de Rio

Bonjour Kirsty,
Ne te fais pas de souci, l'important est d'écouter ton cœur. Parce que tout le monde t'aime beaucoup. Oublie tout le reste et fais ce que tu as envie de faire.
Je t'embrasse,
Poppy, 9 ans.

♥

Je puise souvent dans mon expérience personnelle pour répondre aux gens qui m'écrivent. J'ai connu le deuil, la maladie, j'ai eu le cœur brisé, j'ai perdu des amis, je sais ce qu'il en est de se sentir inutile ou déprimée. Mais certaines lettres vont bien au-delà de tout ce que j'ai pu expérimenter. Et puis je n'ai pas d'enfant ; je reçois un certain nombre de lettres de parents qui ont perdu leur bébé. N'ayant jamais vécu cela, je n'ai rien dans quoi puiser sinon la gentillesse. Je ne peux que leur dire qu'ils traversent un moment terrible mais qu'un jour viendra où ils auront moins mal. Ils s'en sortiront. Le temps guérit les blessures.

J'ai plus de facilité à répondre aux lettres à présent, grâce à tout ce que j'ai appris à travers les récits de mes correspondants. Je suis en mesure de leur dire avec conviction qu'ils ne sont pas seuls dans leur malheur ; je le sais, parce que j'ai écrit à d'autres personnes qui traversaient exactement les mêmes épreuves. Et même si le chagrin des autres ne résout pas le problème, cela peut aider de savoir que vous n'êtes pas le seul à l'affronter. Ce problème, quelqu'un, quelque part, a trouvé le moyen de le surmonter ou de vivre avec, et cela prouve que ce n'est pas infaisable.

Bonjour Jodi,
Je m'appelle Claire. Je vais bientôt avoir 30 ans et ces dernières années ont été difficiles. Je viens de me séparer de mon compagnon, après des années de violences physiques et mentales. J'ai fini par avorter en réalisant que je ne pouvais pas élever un enfant dans un environnement pareil, j'avais fait plusieurs fausses couches auparavant. Tout cela m'a complètement vidée. Mes amis sont tous installés et commencent à fonder leur propre famille, tandis que j'ai l'impression de me retrouver à la case départ.
J'essaie de garder la tête hors de l'eau, mais en plus de tout ça je n'aime pas mon travail. J'ai l'impression d'être dans le flou total, incapable d'avancer – je ne sais pas dans quelle direction aller. J'essaie lentement de reconstruire ma vie, mais j'ai vraiment touché le fond. Je ne sais plus qui je suis, et encore moins ce que je veux dans la vie.
Merci de m'avoir lue.
Claire
X

Chère Claire,
Tu es plus solide que tu ne le penses. Tu es parvenue à surmonter toutes les épreuves dont tu parles dans ton e-mail, et personnellement je te trouve

très courageuse d'avoir réussi à te sortir de cette relation. C'était un vrai défi ! Garde cette prise de conscience en toi, cette idée que tu vaux tellement mieux que ça. Tu es précieuse. Je sais que tu te sens seule en ce moment, mais cela va changer au fur et à mesure que tu reconstruiras ta vie. Tu as mille choses à découvrir ou à redécouvrir, en commençant par toi. Parfois, la vie nous fait prendre des tournants brusques et inattendus, sans qu'on y soit préparé ; mais cela ne nous empêche pas d'arriver à bon port. Tu es dans la bonne direction, tu vas vers l'amour et vers une vie que tu mérites vraiment car, à présent, c'est toi qui es aux commandes.

Ne culpabilise pas à cause de ta rupture et des choix que tu as faits – c'est un tel traumatisme, ce que tu as vécu ! Tu t'es battue bec et ongles pour en arriver là, mais ce n'est pas la fin, c'est juste un chapitre qui s'achève. Tu trouveras quelqu'un qui sera digne de ton amour, et avec lui tu fonderas la famille de tes rêves, dans une ambiance pleine de tendresse et de joie. Tu as de quoi être fière de toi, comme le sont tous ceux qui t'aiment et qui veulent ton bonheur. Tu n'es pas dans le flou, tu es dans l'inconnu ; oui, c'est effrayant, mais c'est passionnant aussi ! À toi de jouer à présent, apprends à t'aimer et à aimer la vie à nouveau, c'est la clé du bonheur et tu y as droit. Tu es quelqu'un de bien.

Je t'embrasse,

Jodi x

Il y avait tellement de tristesse dans la lettre de Claire, elle avait traversé tant d'épreuves, pas étonnant qu'elle se sente seule. Mais elle fait preuve d'un courage extraordinaire. C'est quelqu'un de solide, et elle devrait en être fière. Le temps guérira ses blessures, et je suis certaine que la vie lui réserve de merveilleuses surprises.

Bonjour Jodi,
<u>Demande de lettre</u>
Ce n'est pas pour moi : j'aimerais beaucoup que tu envoies une lettre à mon mari, Nathan.
Après des années de traitements pour avoir un enfant, je suis enfin tombée enceinte l'année dernière, pour finir par faire une fausse couche en novembre. Mon mari a été formidable, la famille et les proches aussi, mais cela m'ennuie que tout le monde se soit focalisé sur moi ; les gens oublient que mon mari a autant perdu que moi. Je lui répète qu'il est fantastique, mais ce serait chouette que quelqu'un d'autre le lui dise aussi.
Je trouve que ce que tu fais est formidable. Près de chez moi, il y a un graffiti qui, j'espère, ne sera jamais repéré par les services de la voirie. Quelqu'un a écrit : « Il y a des gens qui t'aiment » sur une plaque d'égout et chaque fois que je passe devant, je me sens mieux.
Je suppose que tes lettres font le même effet en plus grand.
J'espère que tout ira comme tu veux et que tu ne croules pas trop sous les demandes !
Maya
Xxxxxx

Quelle histoire déchirante ! J'étais impressionnée par l'attitude de Maya qui, du fond de son chagrin, pensait tout de même à son mari Nathan. Les gens sont géniaux. J'ai donc écrit la lettre suivante à Nathan :

Bonjour Nathan,
Un petit mot pour te rappeler que tu es quelqu'un d'exceptionnel. J'admire la force avec laquelle tu as surmonté cet enfer. Cette force vous a aidés à traverser cette période difficile ensemble – vous formez une équipe formidable, tous les deux. Maya a pensé que tu aimerais recevoir une lettre, car il faut parfois l'intervention d'un parfait inconnu (qu'on ne peut soupçonner d'agir par politesse ou par gentillesse) pour réaliser qu'on est un mari fantastique, quelqu'un de vraiment humain. Il faut que tu saches qu'il y a des gens qui t'aiment et te chérissent, et que ta femme te trouve absolument merveilleux (moi aussi !). Je vous souhaite une très belle vie à tous les deux.

Je vous embrasse,
Jodi
Xx

Plus tard, j'ai écrit à Maya pour lui demander si je pouvais citer sa lettre dans mon livre. Voici sa jolie réponse :

Chère Jodi,
Nous allons très bien tous les deux, et figure-toi que notre histoire finit bien ! J'ai découvert que j'étais de nouveau enceinte, une semaine environ après avoir reçu ta lettre. J'en suis à 29 semaines à présent et nous attendons l'arrivée d'une petite fille pour la fin de l'année.
Prends soin de toi, et merci de rendre le monde un peu plus beau !
Maya, Nathan et le bidon.
xxxx

J'ai été très heureuse d'apprendre que l'histoire de Maya et de Nathan finissait bien. La vie continue !

CHAPITRE 9

NOUS SOMMES TOUS EXTRAORDINAIRES

À toi,

Oui, toi. Toi qui lis ceci.

Toi qui as passé une semaine difficile. Toi qui vis sous un nuage noir, toi qui te sens invisible, toi qui es si seul malgré tous tes amis. Toi qui voudrais que le monde cesse de tourner rien qu'un instant, histoire de reprendre ton souffle. Toi qui as mis ton cœur entre de mauvaises mains, une fois de plus. Toi qui voudrais leur laisser encore une chance. Toi qui as perdu espoir, toi qui t'es égaré, toi qui penses avoir tout raté. Toi qui voudrais ne plus te réveiller, toi qui n'en vois pas la fin, et vous les cœurs brisés – oui, vous tous. Toi qui as perdu celui ou celle qui te diraient tout cela s'ils étaient encore là pour le faire. Toi qui tiens tout le monde à bout de bras, toi qui ne t'en remets pas. Toi qui penses que tu ne t'en remettras jamais, toi qui t'accroches depuis trop longtemps, toi qui te sens coupable, tout le temps.

À toi, qui es formidable. Toi qui rends le monde plus beau, de la part du monde entier, j'aimerais t'en remercier. Ne cesse jamais de t'émerveiller. Tu as tant de potentiel en toi, tu as tellement de choses à accomplir. Fais la liste de toutes tes envies, les petites comme les grandes. Fais-la ! Tu as le temps. Le temps, nous passons un temps fou à nous plaindre d'en manquer, sans réaliser que nous le gaspillons. Il y en aura toujours assez, du temps. Rien ne t'oblige à faire des choses qui te font peur, cela n'a rien d'amusant – en revanche, chaque jour, essaie de faire quelque chose qui te plaît. Une petite chose suffit, du moment qu'elle te rende heureux. Fais-la. Ne serait-ce que parce que tu es magnifique quand tu souris.

Il y a tant de belles choses en toi. Crois-moi : sur cette planète, il n'y en a pas deux comme toi. Tu es quelqu'un de précieux. Ne pense pas qu'il te faut soulever une montagne par jour pour valoir quoi que ce soit – certains jours, il te suffit d'ouvrir les yeux. Tu as autant le droit d'être là que n'importe lequel d'entre nous – car tu mérites tous les bonheurs du monde.

Tel que tu es.

Je t'embrasse,

Jodi

C'est fou à quel point les gens se sentent seuls dans notre univers pourtant si vaste et si peuplé. Ils sont nombreux les solitaires, les gens qui pensent qu'ils ne méritent pas d'être aimés. J'en ai réellement pris conscience en lisant ces centaines d'e-mails venus du monde entier. Certaines personnes souffrent de l'isolement parce qu'elles vivent loin, coupées de leur famille et de leurs amis, mais en ce qui me concerne, je ne me suis jamais sentie aussi seule qu'en plein milieu d'une foule. Je crois que nous avons tous connu ce moment, la solitude d'une pièce remplie de gens. Et j'ai mis des années à comprendre que, parmi cette foule, j'étais loin d'être l'unique solitaire. Nous sommes tous là à attendre que quelqu'un vienne nous dire que tout va bien, que nous sommes intégrés, que l'on nous accepte tels que nous sommes.

Entre 16 et 20 ans, je me suis battue contre la solitude – nous sommes tous passés par là. À cet âge, la solution consiste à s'entourer de toujours plus d'amis, de sortir davantage, d'embrasser plus de garçons, de se fabriquer plein de souvenirs que l'on contemple plus tard en réalisant que l'on se fabriquait les mêmes chaque week-end, comme s'il n'y en avait jamais assez. Nous étions tous à la recherche de ce sentiment d'appartenance, de cette place à trouver, sans comprendre que personne n'a de place, et que ceux qui paraissent en avoir une font semblant.

La solitude que j'ai ressentie en sortant de l'hôpital était d'un autre ordre. Je ne faisais plus partie de mon propre univers, j'avais l'impression d'être en territoire étranger ; comme si j'essayais de réintégrer un monde qui n'était plus le mien. Pire encore, mon corps et mon esprit ne m'appartenaient plus. Je ne savais plus qui j'étais. Non seulement j'ai dû réapprendre à écrire et à marcher, mais j'ai dû réécrire mon histoire et me transformer – devenir quelqu'un d'autre.

J'avais travaillé dur pour me construire mon monde à moi, j'en avais peaufiné chaque détail soigneusement, après des années de lutte contre moi-même. Enfin, tout allait bien, enfin je m'en sortais. J'étais heureuse. Quand tout à coup, mon monde a été secoué comme une boule à neige, et moi avec. Tout était sens dessus dessous. À chaque conversation, j'esquivais les débris qui tombaient : « Qu'est-ce qui t'est arrivée, ma chérie ? » « Ah, remets-toi bien ! » Ces paroles m'ébranlaient comme les répliques d'un tremblement de terre. Et au moment où je m'y attendais le moins, un évènement soudain venait me rappeler que plus rien n'était comme avant. J'avais lutté pour conquérir mon indépendance, je refusais d'être celle qui a besoin d'aide, celle qu'il faut sauver. Pourtant, il faut parfois s'accorder le droit d'être vulnérable, le droit de montrer ses blessures sans crainte. C'est solitaire, le chagrin.

C'est dans ces moments de crise que l'on est le plus seul : toute transformation est difficile, et lorsque l'on souffre, on a tendance à se fermer aux autres, à se replier sur soi-même. Nous essayons instinctivement de protéger nos proches, même si cela implique de souffrir encore plus.

Mes correspondants viennent souvent de subir un évènement qui les a bouleversés, et ils ne retrouvent plus leur place dans le monde. Cela m'est arrivé, je sais ce que l'on ressent. Les gens qui m'écrivent me disent qu'ils préfèrent s'adresser à moi plutôt qu'à un ami ou à leur famille – non pas parce que j'ai l'air d'un gourou ou que j'ai la science infuse, mais simplement parce que c'est plus facile de se confier à une inconnue. Cela leur évite de se confronter aux réactions de leurs proches, cela empêche de les décevoir ou d'être déçus. Ceux qui m'écrivent recherchent une étrangère, une nouvelle amie qui les voit pour ce qu'ils sont devenus au lieu de regretter la personne qu'ils ne sont plus. On s'imagine toujours qu'en avouant nos malheurs à ceux que l'on aime, en appelant au secours, nous allons semer la pagaille et leur faire du mal, ce qui nous rendrait encore plus malheureux.

Quand j'étais au bord du gouffre, allongée par terre dans ma chambre à contempler la possibilité d'une overdose, j'ai énormément pensé à ma mère, à tout ce qu'elle représente pour moi. J'ai mis longtemps à lui parler de cet épisode, je craignais de lui faire du mal. Je ne supporte pas l'idée de lui faire du mal. Plus tard, après avoir lancé le site One Million Lovely Letters, je lui ai avoué que j'avais eu des pensées suicidaires. De son point de vue, c'est ce nouveau projet qui a évité le désastre. Et même si elle n'a aucun plaisir à m'imaginer au fond du gouffre, c'est bien de ce gouffre qu'a surgi ce projet dont elle est si fière.

Je sais que ma mère ne sera pas toujours là, il faut donc que je trouve d'autres raisons de rester, d'autres personnes pour me donner envie de rester. Bien sûr qu'il y a plein de gens à rencontrer, mais tout est une question de confiance. C'est difficile de faire confiance, une fois qu'on a pris quelques coups ; on a du mal à croire que les autres ne sont pas là uniquement pour vous faire la peau. Il faut éviter d'être trop sur ses gardes, ne pas fermer son cœur à chaque nouvelle rencontre… Mais comment y croire, comment y parvenir une fois qu'on a été blessé ? La vérité, c'est que nous avons tous besoin les uns des autres. Chacun d'entre nous compte.

C'est dur de faire confiance aux autres, mais le pire c'est d'appeler au secours : on se sent tellement vulnérable. Pourtant les gens aiment vous venir en aide – c'est ça qui est miraculeux. Mais on continue à se taire, au nom de vieilles règles qui n'existent même pas officiellement. C'est vrai ! Seules les lois doivent être respectées – même s'il paraît que chacun d'entre nous enfreint en moyenne 16 250 lois au cours de sa vie. Pas de panique – votre voisin n'est pas un meurtrier, mais c'est probablement un colleur-de-chewing-gum-sous-la-table, ou un jeteur-de-mégot-par-terre, voire un voleur-de-sauce-en-sachet-au-restaurant. Pas un tueur en série. Pour en revenir à mon sujet et aux règles que nous nous imposons, en voici quelques-unes : interdiction de parler à notre voisin de bus parce que ça fait bizarre, défense de faire un compliment à un inconnu parce qu'on va croire que vous le draguez, obligation de changer de trottoir devant un SDF plutôt que de lui adresser la parole… Nous évoluons tous dans nos bulles individuelles.

Je suis une fervente briseuse de règles, et depuis toujours. Quand je trouve que quelqu'un est beau, je le lui fais savoir. Après tout, si nos chemins se croisent et si j'estime lui faire plaisir, quel mal y a-t-il à dire ce que je pense ? Nous partons du principe qu'un inconnu est un être terrifiant, étrange et totalement différent de nous alors qu'en réalité, nous sommes tous très semblables ! En brisant ces règles tacites, nous entrons en contact direct les uns avec les autres, et c'est cela qui nous manque à tous : un contact, un lien. L'infirmière qui est restée toute une nuit auprès de moi à l'hôpital sans rien dire, qui m'a laissée pleurer avant de m'embrasser sur le front – cette femme en était consciente. Elle a enfreint la règle qui interdit d'embrasser les patients, et sa gentillesse m'a profondément réconfortée. Le baiser d'une inconnue m'a fait comprendre que je comptais, et que ma vie valait la peine qu'on se batte pour elle.

On nous enseigne que c'est un défaut de trop laisser voir ses sentiments, mais je ne suis pas d'accord. Je ne vois pas pourquoi on devrait lutter contre la gentillesse et l'honnêteté. Je n'ai pas besoin de « m'endurcir » ou de « m'affirmer davantage », comme on me l'a dit par le passé. En montrant ses sentiments, on ouvre son cœur à l'amour, même si rien n'empêche l'autre de verser du sel sur vos blessures. C'est un risque à prendre, certes, mais il en vaut la peine : soyez vous-même si vous voulez que l'on vous aime pour ce que vous êtes, c'est le seul moyen de trouver le vrai bonheur, et des amis sincères. Celui qui a décrété que la gentillesse se mérite a tort. Un coup de pied dans les tibias, oui, parfois c'est mérité – la gentillesse, elle, devrait être automatique.

Je suis un peu jeune pour me plaindre du monde moderne, mais je pense que nos téléphones portables, iPods, Kindles, livres, magazines, etc., sont en grande partie responsables des bulles dans lesquelles nous vivons. Plus besoin de parler aux autres avec toutes ces distractions. Pour quoi faire ? Les autres sont tous là, à portée de main, bien rangés à l'intérieur de nos petits appareils. N'allez pas croire que je sois technophobe : depuis mes 6 ans et mon premier dalmatien Tamagotchi, je suis fan de technologie. Je pense simplement que nous devrions lever les yeux de nos écrans de temps en temps.

Parmi les moyens de communication avec lesquels j'ai grandi, c'est le courrier que je trouve le plus agréable. J'aime l'écriture manuscrite, l'effort que cela représente ; c'est tellement plus personnel qu'un texto ou un e-mail. C'est mon côté romantique. Quand j'étais enfant, il fallait s'appeler sur un téléphone fixe pour pouvoir discuter, et quand on n'avait pas le numéro d'un ami, on était bien obligé de patienter jusqu'au lendemain pour lui parler. J'aimais cette attente ; cela enrichissait la conversation. On avait le temps de réfléchir à ce qu'on voulait dire et à la manière dont on le dirait, au lieu de tout balancer par texto ou dans un commentaire, au risque d'affirmer des choses que l'on ne pense pas vraiment. J'ai grandi à l'ère de la communication instantanée, mais je trouve que parfois cela va trop loin. En tout cas, ce n'est pas une solution : nous nous sentons toujours aussi seuls. On dit que nous sommes tous connectés via l'Internet mondial – c'est faux. Le projet des Lettres d'espoir prouve à quel point les gens sont isolés.

Nombreux sont les moyens d'éviter de se retrouver face à face : texto, message direct, Twitter ; certains trouvent même que les appels téléphoniques sont intrusifs à présent. Nous nous isolons de plus en plus, et nous nous sentons de plus en plus seuls. Pourquoi rendre visite à ses amis alors qu'il est possible de leur parler en 140 caractères ? Une vraie conversation est-elle absolument nécessaire ?

Oui. Nous avons réellement besoin de conversations. Car sans cela, c'est tellement facile de se retrouver au bord du précipice…

♥

Mon histoire n'est pas terminée, et j'espère qu'elle durera encore des dizaines d'années. Néanmoins, pendant que j'écrivais ce livre, j'ai enfin obtenu un diagnostic. Cela aura mis presque deux ans. Malgré cela, c'est un grand soulagement de savoir enfin ce qu'il en est. On conduit mieux avec les phares allumés ! Je souffre donc d'un syndrome de fatigue chronique ou « encéphalomyélite myalgique » (EM). C'est une étrange maladie, mais le spécialiste que j'ai rencontré était sûr de lui. Je dis « étrange », car il n'existe pas de test spécifique pour la diagnostiquer, on ne pose le diagnostic définitif qu'après avoir éliminé les autres possibilités. La liste des symptômes est une description assez fidèle de ma vie :

- Difficultés mentales (« cognitives ») telles que : mauvaise mémoire à court terme, problèmes d'attention et de concentration, difficultés à planifier ou à organiser sa pensée, à trouver ses mots, sentiment de désorientation, vertiges.
- Problèmes de sommeil : on ne se sent pas reposé après une bonne nuit, ou bien on n'arrive pas à dormir.
- Douleurs musculaires (« myalgie »), douleurs dans les articulations, maux de tête.
- Nausées et palpitations.
- Je coche une case après l'autre...

Même si je ne serai sans doute jamais capable de travailler huit heures par jour, même si je dois passer une grande partie de mon temps au lit, à présent au moins je sais pourquoi. Je peux profiter des bons jours en sachant que si j'en fais trop, les mauvais jours seront pires. L'encéphalite due à la morsure de tique, les attaques et un système immunitaire très bas ont provoqué ce que les médecins appellent un syndrome de fatigue chronique sévère à modérée. La maladie ne devrait pas s'aggraver – mon état pourrait même s'améliorer – mais ce qui compte c'est d'avoir mis des mots sur ma maladie. J'y vois plus clair à présent.

J'apprends donc à vivre d'une autre façon. J'ai encore des jours où mon cerveau me laisse tomber et c'est très frustrant, mais tant pis. J'ai appris à prendre chaque jour comme il vient ; quand c'est un mauvais jour, le soir venu, je me dis simplement : « Aujourd'hui peut partir à la poubelle. Allez ouste ! » Demain est un autre jour. Je fais de mon mieux au quotidien et j'essaie d'accepter que certains jours sont meilleurs que d'autres.

La médecine ne peut rien pour moi, mais la thérapie m'est utile. Je fais de la TCC (thérapie cognitive comportementale) pour diminuer mes symptômes et pour apprendre à développer des stratégies qui me permettent de vivre avec la maladie au quotidien. Le médecin m'a donné une liste de conseils pour gérer la maladie : instaurer des temps de repos, réguler mon énergie, faire un régime approprié.

Ce qui fonctionne pour moi, c'est de ne pas trop penser à l'avenir ou à ma maladie. C'est difficile, car je suis d'une nature inquiète, mais si je ne maîtrise pas mes angoisses, elles m'entraînent dans une spirale incontrôlable. Je me répète qu'il est normal d'être triste à cause de ce qui m'est arrivé, que c'est naturel. J'ai tout de même donné deux années de ma jeune vie à la maladie, je ne serais pas humaine si cela me laissait indifférente. Je ne refoule pas ces sentiments. Cela me soulage de m'autoriser à être triste et à m'apitoyer sur mon sort de temps en temps. Je laisse libre cours à mes émotions, je pleure un peu, et je suis prête à affronter la vie de nouveau. Cela prend du temps d'accepter que votre existence ait pu être totalement bouleversée.

Parfois ces bouleversements arrivent progressivement, comme la boulimie dans mon cas. Ils se manifestent peu à peu, sans que l'on puisse encore les définir ni deviner l'importance qu'ils prendront. Tout peut aussi basculer en un instant. Dans un cas comme dans l'autre, on a rarement la possibilité de choisir l'endroit où la vie nous emmène ; on ne peut guère que faire de son mieux avec ce qu'elle nous tend. Pas de bouton pause ni de retour arrière, pas d'autre choix que d'aller de l'avant. Nous n'avons que le moment présent et en effet, c'est terrifiant, mais c'est passionnant aussi. La vie est remplie d'obstacles qui ne sont pas pour autant des échecs – ce sont des chapitres, dont l'un s'achève quand l'autre va commencer.

Inutile de s'interroger sur ce que serait ma vie sans mon séjour au Bestival, ou sans la morsure de tique. Serions-nous restés ensemble avec Wil si je n'étais pas tombée malade ? Où serais-je à présent, que serais-je en train de faire ? Ces questions ne servent qu'à me rendre malheureuse. Mieux vaut ne pas trop regarder en arrière, mieux vaut ne pas penser au passé, cela évite de regretter ce qui aurait pu être. Ressasser ne sert à rien.

Une porte s'ouvre quand une autre se referme, j'en suis persuadée. Si je n'étais pas tombée malade, je serais passée à côté de beaucoup de choses, je n'aurais pas fait la connaissance de tous ces gens formidables et si solides, comme Brenda et Margareth à l'hôpital. Je n'aurais pas ce feu qui brûle en moi depuis que j'ai pris conscience que j'ai failli tout perdre. Je n'aurais pas eu l'idée de créer One Million Lovely Letters, je n'aurais jamais rencontré tous ces inconnus dans le monde entier. Alors à quelque chose, malheur est bon.

Nous avons parfois l'impression de ne pas contrôler le cours de nos vies, mais c'est le chaos du monde extérieur qui échappe à tout contrôle. Quand vous vous heurtez par inadvertance à un autre client au supermarché, vous ne décidez pas de son humeur – en revanche, vous avez le choix de vous excuser ou de vous comporter comme un goujat. Nous avons le pouvoir de décider comment nous gérons les choses, et même si faire le bien n'est pas toujours payant, je suis prête à parier mes derniers sous qu'à la longue se comporter en goujat ne mène à rien.

Nous avons tous des moments de déprime, et j'essaie de ne plus porter de jugement sur moi-même à cause de mes humeurs. Que je sois en colère, triste ou déprimée, je ne m'en inquiète plus. J'ai arrêté de culpabiliser quand je n'ai pas le moral, même si plein de gens ont des problèmes plus graves que les miens. Quand je suis triste, j'accepte ma tristesse sans m'en vouloir pour autant, et j'attends de pouvoir passer à autre chose. La tristesse finit toujours par s'en aller. Je ne pense pas que l'on puisse rester déprimé en permanence – nous ne sommes pas faits pour ça. Acceptons nos sentiments et nos baisses de moral sans culpabiliser, c'est le seul moyen d'affronter la tempête !

Voici un « truc » que j'utilise beaucoup, et que je regrette de n'avoir pas connu lorsque je suis tombée malade. Quand vous n'avez pas le moral, essayez de vous rappeler ce qui vous préoccupait un an auparavant ; vous verrez, ça aura complètement changé. Certains éléments seront peut-être encore présents, mais la plupart de vos soucis auront disparu. Tout finit toujours par s'arranger. Je sais bien qu'on a du mal à y croire quand on est dans l'œil du cyclone, mais le seul moyen d'affronter l'orage est de se laisser porter, jusqu'au moment où le ciel s'éclaircit.

Quand j'ai passé une mauvaise journée, je me dis : « Tant pis pour aujourd'hui, cette journée peut partir à la poubelle, je vais me coucher pour l'oublier. » Je sais qu'à mon réveil j'aurai une nouvelle journée devant moi, et je recommence tous les matins s'il le faut. Je me donne le droit de rater ma journée et de repartir à zéro. C'est moi qui décide. J'ai appris à repérer les signes annonciateurs de déprime, et à réagir en fonction. Si je dois modifier mes projets et rester à regarder mon émission de télé favorite pour me remonter le moral, je le fais. Demain est un autre jour.

Il existe des moyens spécifiques pour parvenir à vivre avec une longue maladie, voire même à la dépasser. Ce sont de petites choses toutes simples que j'apprends à mettre en pratique. Il est important de ne pas se refermer sur soi-même, de s'ouvrir un petit peu, que l'on soit malade ou pas. Pour cela, il faut trouver une activité qui vous rende heureux – peindre, coudre, faire de l'origami ou préparer de bons gâteaux – et s'y accrocher ; tous les jours, faire une petite chose que l'on aime.

Tenir un blog m'est très utile. C'est un journal quotidien, une manière de raconter son histoire et de réaliser qu'elle ressemble parfois à celles des autres. C'est aussi plutôt cathartique de décrire ce qui vous arrive, cela rend les choses plus vraies. Quand votre vie prend un cours nouveau, cela vous aide à l'accepter ; cela permet aussi de regarder en arrière quand on a l'impression de ne pas progresser. C'est la preuve que vous avancez. C'est très pratique, un journal.

On a beaucoup de temps pour réfléchir lorsqu'on est souvent seul chez soi. Ce n'est pas toujours une bonne chose, car à force de tourner en rond on finit par tout mélanger. Ce n'est pas un secret : la dépression frappe plus facilement quand on traverse une crise. Il faut s'autoriser à ne pas être parfait. Que vous soyez malade ou déprimé, vous n'êtes pas en état d'atteindre le niveau mental ou physique que vous exigez de vous-même lorsque vous êtes en bonne santé. Une fois que vous aurez accepté ce droit à l'imperfection, vous serez capable de tenir à distance ces modes de pensée négatifs.

Il faut également éviter de trop généraliser, et ne pas croire qu'un ressenti spécifique va s'appliquer au reste de votre vie. Par exemple, je me surprends souvent à dire : « Je n'ai jamais d'énergie » après plusieurs jours de faiblesse. Cela s'applique à ces jours-là, mais le mot « jamais » ajoute un stress qui n'est absolument pas nécessaire. Je devrais dire : « Ces quelques jours ont été difficiles, mais ça ira sans doute mieux demain ! »

Quand enfin les beaux jours arrivent, quand le stress et la maladie s'éloignent, quand vous passez une merveilleuse journée – profitez-en. Dans les moments difficiles, on s'imagine souvent que les jours heureux ne reviendront pas. C'est un mécanisme de défense : ne pas s'attendre au bonheur pour éviter d'être déçu. Mais ce n'est pas sain de considérer la vie sous cet angle, cela ne peut que vous rendre malheureux. En minimisant le positif, on ne fait qu'augmenter le négatif, tout en focalisant sur des choses qui n'existent encore même pas.

J'ai toujours apprécié les petits plaisirs de la vie, mais à présent il suffit d'un peu d'eau fraîche sur mon visage le matin ou de voir le soleil et la lune s'affronter dans le ciel pour me rendre heureuse. L'amour est partout si l'on sait regarder. Je remarque les couples de personnes âgées qui se tiennent par la main, parfois leurs vêtements sont presque assortis et je me demande s'ils l'ont fait exprès, ou s'il s'agit d'involontaires hipsters. Je vois les regards que se lancent les amoureux, ces regards qui disent : « Je crois que nous pourrions affronter le monde, tous les deux. »

Observez de très jeunes enfants qui jouent avec du sable ou de l'eau : ils sont totalement absorbés par ce qu'ils sont en train de faire. Nous devrions tous nous en inspirer. Apprendre à vivre le moment pleinement par le toucher, le goût et l'odorat, savoir explorer le monde à travers nos cinq sens. Les enfants y parviennent instinctivement, mais une fois adultes nous passons notre temps à nous inquiéter pour l'avenir, au lieu de profiter de l'instant.

Vous avez dû vous rendre compte que je suis folle de mes animaux de compagnie. Grâce à mes « filles », je parviens à me focaliser sur l'instant présent, elles m'aident à ne pas passer à côté des joies du quotidien. On pourrait croire que trois chats suffisent pour une seule maison, mais nous venons tout juste d'acquérir un chien !

Josh le chiot était initialement destiné à ma mère. Elle avait trois chiens : Tia, Bailey et Missy. Malheureusement, Tia est morte récemment. Elle était magnifique, une vraie dame, et maman en a eu le cœur brisé. Quelques semaines plus tard, Jake lui a apporté un petit chiot noir et blanc pour lui remonter le moral. Mais Ian venait de se casser la cheville, il était très instable sur les béquilles fournies par l'hôpital. Très vite, il a fallu se rendre à l'évidence : bien qu'adorable, ce chiot tout excité et frétillant constituait un vrai danger dans la maison. De mon côté j'avais envie d'un carlin, mais cela coûtait trop cher pour que je puisse me le permettre à l'époque. Quand ma mère m'a offert ce petit chiot en cadeau d'anniversaire, ç'a été le coup de foudre instantané. Je l'ai baptisé Josh. C'est un croisé staffie-collie, tout blanc avec les oreilles et les yeux noirs, et une grosse tache noire au bout de la queue. Josh n'a pas encore vraiment réalisé que les chats ne sont pas des chiens ; il essaie de jouer, ce qui se termine en général par un atterrissage à plat sur les chattes – lesquelles ont vite fait de le remettre en place d'un coup de patte sur le nez. Ce sont les filles qui commandent à la maison !

Difficile d'ailleurs de ne pas remarquer que depuis l'année dernière ma maison s'emplit de petits animaux, au point que je pourrais probablement ouvrir un minizoo et faire payer l'entrée. Quatre reste néanmoins ma capacité d'accueil maximale avant d'emménager dans quelque chose de plus grand (pour le carlin… et aussi un teckel, cette saucisse à pattes.) Ces boules de poils dont j'ai la responsabilité me font du bien. C'est bon pour l'âme de s'occuper d'autres êtres vivants, humains ou pas, et grâce à eux je me sens un peu moins isolée. Mais ils peuvent aussi se montrer infernaux : la première sortie des chatons s'est traduite pour moi par 40 jurons successifs, 5 thés au citron en urgence, 3 crises de panique et 1 vigoureux rappel à l'ordre de ma mère au cri de : « Mais enfin calme-toi ! »

Et même si cela me donne l'air d'une dame à chats un peu folle, j'affirme que mes animaux m'ont rendu la solitude plus supportable durant ma maladie. Ils ont besoin de mes soins et de mes caresses, quel que soit mon état ; et pendant mes pires moments, pour eux j'arrive au moins à m'asseoir dans mon lit.

L'exercice est recommandé quand on souffre de fatigue chronique. Je suis loin d'être une grande sportive, mais je fais un nouveau régime en ce moment et cela m'apporte beaucoup. J'ai flirté plus d'une fois avec le sport durant mes vingt-cinq courtes années. À 13 ans, Dieu sait comment, je me suis retrouvée « meilleure lanceuse de poids et de javelot de l'école ». Il n'y a aucun mal à être une lanceuse de poids et de javelot hors pair, mais ce n'est pas avec ce sport-là que je risquais de conquérir le cœur de Liam O'Dowd. Je me suis donc mise à la course. Mieux que ça, j'ai couru le 1 800 mètres le jour de la fête du sport. Juste avant la course, nous sommes allés acheter de la Lucozade* à l'épicerie du coin, puis j'ai couru aussi vite que mes petites jambes pouvaient me porter et j'ai gagné – avant de vomir en plein sur la ligne d'arrivée. La Lucozade était périmée.

Ma seconde tentative, en 2004, fit intervenir le DVD de la célèbre Angela Griffin, *Dancemix Fitness*. Angela m'a toujours paru bien trop mignonne pour avoir besoin d'un régime fitness, mais c'est la seule personne à qui j'acceptais de confier ma forme. Hélas, s'il est une chose qu'elle n'a jamais réussi à m'enseigner, c'est bien le sens du rythme. Mes pieds sont allergiques au hip-hop samba. Alors j'ai investi dans un vélo d'appartement et dans un rameur que j'utilise au maximum de leur potentiel – comme étendoirs à linge. Mon rapport avec le sport ne fera jamais de moi une championne olympique mais, ces dernières semaines, j'ai fini par faire de la place dans ma vie pour quelques exercices plus doux.

Grâce à mon nouveau traitement, j'ai un peu plus d'énergie et je ne suis plus clouée au lit nuit et jour. Quand je m'en sens capable, j'emmène Josh faire le tour du parc ou je sors dîner avec une amie. Ce ne sont pas de grandes aventures, mais cela me suffit ; j'aime pouvoir sortir sans craindre d'être trop loin de chez moi, au cas où je ne me sentirais pas bien. Je saute à la corde dans le jardin derrière la maison, ce qui a vite fait de me faire transpirer. Les mauvais jours, j'essaie d'aller m'asseoir sur le pas de la porte ou dans le jardin pour mettre au moins le nez dehors. C'est agréable de se rappeler que le monde continue à tourner, même pendant les pires journées.

Si je pouvais revenir deux ans en arrière et me donner un conseil, ce serait de ne pas repousser les autres. Parfois la vie

* Boisson énergétique.

vous sépare de toute façon, quelles que soient les circonstances, mais à présent je fais des efforts pour voir davantage mes amis. Ils savent tous ce qu'il faut faire quand je ne me sens pas bien, et j'ai fini par accepter qu'ils me voient quand je suis au plus bas. Lentement, je laisse de nouveau les autres faire partie de ma vie. Je justifiais mon isolement en prétendant les protéger de ma maladie, mais en réalité c'est moi que je punissais.

Et à force de se punir soi-même, on finit par se rendre compte que c'est très ennuyeux, et que cela ne mène à rien.

♥

Lorsque j'ai lancé onemillionlovelyletters.com, je n'imaginais pas le nombre de demandes de lettres que j'allais recevoir. Je n'aurais jamais pensé qu'un éditeur me proposerait d'écrire un livre sur mon expérience. L'aventure a été incroyable. Je n'ai aucune idée de ce que me réserve l'avenir, mais quelque chose me dit que je vais avoir besoin de vous.

One Million Lovely Letters est un concept. Ce n'est pas une organisation, ni un club dont il faut être membre. Pas besoin d'un talent spécifique pour en faire partie : il vous suffit de prendre un stylo et d'écrire quelque chose de gentil. Qu'écririez-vous à votre meilleur ami s'il allait vraiment mal ? Qu'aimeriez-vous entendre quand vous êtes malheureux ? Quand le monde tourne trop vite pour vous, quels sont les mots qui vous aideraient à tenir ? Écrivez-les et offrez-les à l'un de vos proches – ou à un inconnu. Laissez votre message dans le bus ou dans un bar à l'intention de la serveuse. Dites à quelqu'un qu'il est exceptionnel, vous l'êtes aussi, donc vous en êtes capable. Nous n'avons pas tous besoin d'une lettre, mais chacun d'entre nous peut en tirer parti.

La lettre ne bénéficie pas qu'à son destinataire – l'écriture aussi est agréable. Parmi de multiples avantages, One Million Lovely Letters m'a offert celui d'apprendre énormément de choses sur moi-même sans pour autant passer des heures à me demander si ce que je fais est bien ou mal. J'ai évolué naturellement, en me concentrant sur une activité que j'aime. Tout ce qui contribue à vous rapprocher des autres, à embellir leur vie, transforme votre existence et la rend plus belle.

J'aime écrire, et si c'est votre cas aussi, dans les moments de déprime essayez de vous écrire une lettre. Une lettre gentille, encourageante, une lettre pour vous féliciter. Vous les méritez, ces félicitations, même si vous avez parfois le sentiment d'avoir tout raté. Qu'écririez-vous à un ami qui vit la même chose que vous ? Offrez-vous cette lettre. Et pourquoi ne pas écrire à l'une de vos connaissances, même si elle n'est plus en vie ? Cela clarifie souvent les choses de les mettre par écrit, on évacue le stress et les sentiments perturbants pour se concentrer sur les vrais problèmes.

La vie peut faire très mal et vous jeter toutes sortes de choses au visage : la mort, la maladie, le manque d'argent – ou une sale morsure de tique, aussi. Mais rien n'est plus effrayant que le pouvoir de votre esprit. Vous êtes le seul à vraiment connaître vos peurs et vos doutes, et lorsqu'ils se déchaînent, vous êtes plus en danger que jamais.

Ma solution ? Aimer les autres le plus possible, ne pas avoir peur de les aimer. Cela peut faire mal, mais cela peut aussi être magique – et le jeu en vaut vraiment la chandelle.

Aidez les autres, toujours. Ce n'est pas parce qu'on ne demande rien qu'on n'a pas besoin d'être secouru. Si vous voyez quelqu'un affronter la tempête sans parapluie, offrez-lui le vôtre. Inventez mille façons de faire preuve de gentillesse : sourire à un inconnu qui passe, aider quelqu'un à remonter sa poussette en haut des escaliers, appeler un ami qui ne va pas bien. Cela ne coûte presque rien d'illuminer la journée de quelqu'un. Même si personne ne fait jamais rien pour vous, faire preuve de gentillesse vous rendra plus heureux.

Nous sommes tous extraordinaires. Nous sommes tous capables d'accomplir de belles et grandes choses, nous pouvons tous faire une différence. Pas besoin d'être Gandhi ou Einstein pour être remarquable. Regardez cette vieille dame qui remonte ma rue, pliée en deux sur son Caddie. Ça doit être douloureux de marcher comme ça, mais elle garde son grand sourire, et elle vous salue toujours en passant. Et même s'il lui faut un temps fou pour atteindre le bout de la rue, elle profite de ce qu'elle a. Il est là, le vrai miracle. Nous accomplissons chaque jour des choses extraordinaires. Cette dame est miraculeuse, et vous aussi.

Le meilleur dans tout ça, c'est que je suis toujours là. Je ne suis pas au fond du gouffre. Ma famille et les gens que j'aime sont encore là. Et si vous lisez ceci, c'est que vous êtes encore là aussi. Et ça, c'est une vraie bonne nouvelle.

Vous êtes super !

Je vous embrasse,

Jodi

Twitter : @jodiannbickley
www.onemillionlovelyletters.com

ÉPILOGUE

FAITES LE BIEN ET LA VIE VOUS LE RENDRA

Nous y voilà. Les dernières pages. Je n'ai pas l'impression que c'est la fin, si ? Peut-être que si. Peut-être que vous avez terriblement envie de faire pipi, et que vous attendez avec impatience que je cesse de divaguer. Ne vous en faites pas, prenez le livre avec vous, j'aurai fini avant que vous ne soyez assis. Si l'on m'avait dit il y a deux ans que j'en serais là aujourd'hui, je ne l'aurais jamais cru. Est-ce que je serais là quand même, en sachant les difficultés que j'ai dû surmonter en plus des petits moments de grâce ? Oui, cent fois oui. Ou peut-être un peu moins. Quatre-vingt-dix-neuf fois oui, avec un petit temps de réflexion. Mais oui, je serais là, parce qu'il y a du merveilleux dans ce que je vis à présent. Bien sûr, mon quotidien se compose aussi de siestes obligatoires et de médicaments, mais j'ai l'impression d'être au début de quelque chose d'un peu magique. One Million Lovely Letters m'a ouvert les yeux sur un monde tout neuf, qui sait où cela m'emmènera à l'avenir ? En tout cas, je suis prête, paillettes à la main, stylo en poche – pourquoi s'arrêter à un million, après tout ?

J'ai toujours pensé que lorsque l'on fait le bien, il vous arrive de bonnes choses, et le fait même d'écrire ce livre en est la preuve à mes yeux. Quand j'ai lancé onemillionlovelyletters.com, je ne savais pas si le site serait vu, ni même si quelqu'un aurait envie que je lui écrive. Mais tandis que j'écris ces mots, le site a été visité par 100 000 personnes dans 150 pays, et j'ai écrit plus de 1 000 lettres à des êtres humains tout à fait remarquables. J'ai beaucoup de chance de pouvoir envoyer des lettres non seulement dans mon pays, mais aussi dans le monde entier. Rien ne me fait plus plaisir que d'apprendre qu'une lettre est arrivée à bon port et que, grâce à cela, quelqu'un se sent mieux.

Peu après le début du projet, j'ai été contactée par les organisateurs des conférences TEDx à Birmingham. Les conférences TED font intervenir des gens passionnants, des personnes qui vous inspirent et qui ont un vrai message à transmettre. Bill Gates, Michelle Obama, Annie Lennox, Stephen Hawking ont été parmi les premiers à participer… et voilà que TEDx faisait appel à moi.

Ce fut le jour le plus extraordinaire – et le plus terrifiant – de ma vie. Je me suis retrouvée parmi de grands explorateurs, des inventeurs et des mathématiciens de génie. Toute la journée, j'ai eu l'impression de traverser un tunnel venteux parcouru de mots dont j'ignorais totalement le sens, comme « algorithme » par exemple… Je me demandais bien ce que je faisais là. Je n'ai jamais eu aussi peur qu'avant de monter sur scène : ce discours était tellement important pour moi. Il comptait plus que tout ce que j'avais accompli auparavant, parce que One Million Lovely Letters… c'est moi. Ce n'est pas une théorie ou une découverte – j'allais monter sur scène pour parler de moi et de ce que je fais, c'est tout. Malgré cela, ma peur s'est envolée dès les premiers instants, et au fur et à mesure que je parlais, j'ai pris confiance en moi comme jamais. Cette assurance, je la dois au fait que je crois profondément en mon projet. Non seulement il a contribué à embellir la vie des autres, mais il a totalement modifié la mienne. Lettre par lettre, je suis la preuve que la gentillesse peut réellement faire une énorme différence dans notre univers.

J'ai terminé ma conférence en lisant à mon public la lettre de la page 221. Leur réaction fut au-delà de tout ce que j'aurais pu imaginer. En quittant la scène, je me suis trouvée entourée d'inconnus en pleurs qui me prenaient dans leurs bras. Ma lettre, c'est ce que j'aurais aimé qu'on me dise pendant mes pires moments, mais voilà que la salle aussi en avait besoin.

Après cette conférence, j'ai reçu plusieurs e-mails de spectateurs enthousiastes, et je me sens à la fois humble et fière d'avoir réussi à établir une connexion si profonde avec des inconnus. Je crois qu'au cours de notre vie nous rencontrons beaucoup de gens qui nous transforment, qui nous aident ou même qui nous guérissent. Certains débarquent dans nos vies au moment où nous nous y attendons le moins, d'autres sont là depuis le commencement. Même s'ils ne passent qu'un bref instant à nos côtés, nous leur serons toujours redevables de ce petit morceau de nous-mêmes. Pour les en remercier, à nous d'aider les autres à notre tour.

J'ai reçu cette lettre anonyme en provenance des États-Unis. Je me sentais très mal le jour où elle est arrivée, et si mes lettres apportent autant de bonheur que celui que j'ai ressenti en la découvrant, alors j'aurai bien fait mon boulot.

Jodi,

Tu rallumes la flamme de ceux en qui la lumière s'est éteinte. Dans d'autres mondes, en d'autres temps, on t'aurait donné le nom d'ange.

« À certains moments de notre vie, notre lumière s'éteint et c'est l'étincelle d'un autre qui permet de la rallumer. Chacun d'entre nous doit éprouver une profonde gratitude envers ceux qui ont rallumé la flamme en nous. » – Albert Schweitzer (philosophe, 1875-1965).

Avec tendresse,

Un ami x

REMERCIEMENTS

Ce livre est dédié aux merveilleuses personnes que j'ai rencontrées sur mon chemin. Celles qui prouvent que la gentillesse peut laisser un écho, transformer la journée de quelqu'un, voire même changer leur monde. À ma petite famille, Ian, Jake et ma maman, qui j'espère se rendra compte un jour qu'elle est vraiment formidable. À Kim, qui fait partie de la famille depuis notre première rencontre et qui est une constante source d'inspiration. À Amy et Alex, qui croient toujours en moi-même quand je n'y crois plus. À Steven et Zia, qui sont devenus mes grands frères. À Musa, ❤ dont l'amour et le soutien sont incommensurables. À Twiggy et Sarah, pour tout. À Alice, qui est toujours prête à sauter dans le grand bain avec moi. À Katy, Adam et Molly, qui sont des amis géniaux. À Bridget, Belinda et Alex G., qui vont conquérir le monde. À Anna, qui m'a appris à ne jamais, jamais colorier entre les lignes. À Ed, qui a toujours pris le temps. À Nichol, Toby et Sean, qui font comme si Londres était juste à côté de Brum. À Pip, qui me fait toujours sourire. À Keyla et James, Caroline, Scott et Owen, Cat, des êtres merveilleux et une équipe de rêve, pleine d'amour et de magie. À Liz, Emily, la petite Liz, Bea, Emilie et le reste de l'équipe Hodder ♥ pour absolument tout, et enfin, à Kate, qui a cru en moi et qui est restée à mes côtés pendant mes pires journées. Vous êtes fantastiques et je vous remercie de tout mon cœur. Je vous embrasse. Jodi xx

ONE MILLION LOVELY LETTERS

Pour vous tenir informé ou pour contacter Jodi :
www.onemillionlovelyletters.com
ou sur son compte Twitter : @jodiannbickley

Pour recevoir une lettre, envoyez un e-mail (en anglais)
à Jodi : onemillionlovelyletters@gmail.com

ADRESSES UTILES :

Tout le monde peut avoir besoin, à un moment ou un autre, d'un coup de main. Vous trouverez ci-dessous quelques associations prêtes à vous rattraper si vous vous sentez partir à la dérive.

S.O.S. Amitiés France
01 40 09 15 22
www.sos-amitie.com

S.O.S Amitié est un service d'écoute par téléphone, messagerie et chat, destiné à accueillir la parole de celles et ceux qui, à un moment de leur vie, traversent une période difficile.

Tous les jours 24 h sur 24.

Le Fil Santé Jeunes
0 800 23 52 36
www.filsantejeunes.com

Service anonyme et gratuit d'écoute pour les 12-25 ans.

Tous les jours de 9 h à 23 h.

Le Refuge
06 31 59 69 50
www.le-refuge.org

Le Refuge accompagne et héberge les jeunes gays, lesbiennes et personnes transidentitaires en situation d'errance, âgés de 18 à 25 ans.

Ligne d'urgence 24 h sur 24 et 7 jours sur 7.

La Fédération Nationale des Écoles des Parents et des Éducateurs
01 47 53 62 70
www.ecoledesparents.org

Réseau associatif d'accompagnement pour les soucis quotidiens, la scolarité, les problèmes de couple et tous ce qui peut être sources d'interrogations, d'angoisse, de tristesse, de mal-être.

Jonathan Pierres Vivantes
01 42 96 36 51
http://www.anjpv.org

L'association ANJPV, composée de parents et frères et sœurs endeuillés, vous accueille dans ses permanences, lors de rencontres ou sur ses forums parents et frères et sœurs.

Patients en réseau
http://www.patientsenreseau.fr

L'association regroupe des patients et des proches et s'appuie sur des comités scientifiques pluridisciplinaires afin de développer des réseaux sociaux destinés aux personnes touchées par des maladies sévères et leurs proches pour faciliter leur quotidien face à l'épreuve de la maladie.

Solidarité Femmes
http://www.solidaritefemmes.org
3929

Réseau d'associations spécialisées dans l'accueil, l'accompagnement et l'hébergement des femmes victimes de violences.

Appel anonyme et gratuit 7 jours sur 7, de 9 h à 22 h du lundi au vendredi et de 9 h à 18 h les samedi, dimanche et jours fériés.

Achevé d'imprimer en France
par CPI Bussière
à Saint-Amand-Montrond
Dépôt légal : février 2018
N° d'impression : 2034260